視覚障害者の老後を豊かにするための本

社会福祉法人桜雲会点字出版部

発刊にあたって

医療の進歩や社会的な環境の安定で、わが国は「長寿」を手に入れましたが、それと同時に高齢化社会という問題も抱えてしまいました。そして当然、ほとんどの方が「高齢者」を経験することになります。近頃は高齢者の振り込め詐欺被害は増え続け、年金問題はなかなか進展しませんし、後期高齢者の医療費負担という問題も起こってきています。

高齢化社会、老後というとどうしても暗いイメージが先行してしまいますし、実際何もせず年を重ねていては、悪いイメージ通りの老後になってしまうかもしれません。

そこでこの度、財団法人日本宝くじ協会の助成を受け、高齢化社会に詳しい方や、実際に充実した生活を送っている高齢の方に執筆依頼や取材をして、「視覚障害者の老後を豊かにするための本」として編集しました。多くの方々、特に視覚に障害を持つ方に役立てていただければ幸いです。

本書を参考に高齢者・高齢化社会に対する知識を高め、実際に紹介されている生活を参考にして心構えをすることで、より安定した有意義な老後を過ごすことができるのではないでしょうか。また若い方が高齢者の気持ちや身体能力を理解するのにも役立てていただけると考えております。

最後に、本書の作成に当たりご助成賜りました財団法人日本宝くじ協会並びにご協力頂いた皆様にお礼申し上げます。

社会福祉法人　桜雲会

執筆者一覧

大橋《おおはし》　由昌《よしまさ》　朝日新聞社ヘルスキーパー、ＮＰＯ法人タートル理事

新皐《におか》　義弘《よしひろ》　養護盲老人ホーム千山荘《せんざんそう》主任生活相談員、神戸アイライト協会会長

長尾《ながお》　榮一《えいいち》　元筑波大学教授（医学博士）

森《もり》　博愛《ひろよし》　徳島大学名誉教授（内科学）

坂井《さかい》　友実《ともみ》　東京有明医療大学　保健医療学部　鍼灸学科教授

安野《やすの》富美子《ふみこ》　東京有明医療大学　保健医療学部　鍼灸学科教授

目次

高齢化社会の現状

大橋　由昌

一　老いの認識過程

(一)子供から見たお年寄のイメージ

村の渡しの船頭さんは
今年六十のお爺さん
歳はとってもお船を漕ぐ時は
元気一杯櫓がしなる
それ　ギッチラ　ギッチラ　ギッチラコ
(武内俊子《たけうちとしこ》　作詞、河村光陽《かわむらこうよう》　作曲、『船頭さん』)

これは、私が子供のころ、悪餓鬼たちと調子はずれの大声で歌った文部省唱歌のひとつです。作詞者の武内俊子が生まれたのは一九〇五年。

没年は一九四五年でしたから、享年は四十歳、ということになります。現在の感覚で考えれば、極めて短命ですが、まして彼女の生きた時代では、六十歳は十分なお爺さんだったと思います。

私が棒きれでちゃんばらをしたり、メンコやベーゴマに打ち興じたりしていたのは、彼女の没後十年ほど経ったころでした。それでもやはり、六十歳の人と聞けば、畏敬の念にも似た感覚を覚える存在、しいていうなら、遠い別世界の人、底知れぬ力と不気味さを持つ人、すなわち老いた人＝「老人」と感じていたような気がします。当時相撲人気が高く、長い白髪の顎鬚を垂らした立行司第十九代式守伊之助の姿が、私の「老人」に対する代表的なイメージのひとつとなっていました。団扇や手製の軍配をかざし、甲高い声を張り上げてよく「髭の伊之助」をまねしたものです。老いた人への悪感情や偏見を、まだ持たなかった子供時代でした。

しかし、その一方で、まったく異なるイメージもまた内在していました。真意のほどは判りませんが、ご近所に元士官だったという「頑固親父」が居住しており、子供たちは彼を見かけると恐ろしくて、こそこそ路地に逃げ込んだものです。ある日たまたま遭遇したとき、仲間と示し合わせて一斉に「鉄砲親父！」と怒鳴って、一目散に逃げ帰ったことを思い出します。子供たちの間では、彼を「頑固親父」とか「鉄砲親父」と呼んでいたのです。御伽噺に出てくるような、やさしく話し上手で物知りなおじいさんとは、明らかにかけ離れたキャラクターでした。

(2)老いることを意識するとき

幼少期のころは、個々の老人の印象が混在し、ひとつの統合された概念形成が不完全だったものと思われます。私も祖父母と同居していましたが、「老いた人」ではなく、お店を切り盛りする元気で優しい「おじいちゃん」「おばあちゃん」と呼ぶ、一家を支える家族の中心に存在する人であったに他なりません。高度成長期以前のわが国では、祖父母と同居している子どもたちが少なくなかったのです。核家族化が進む現在の幼児や小学生にとっては、「老人」は家族関係の中において、なかなか現実的な視野に入りにくい存在であると推測できます。いわんや「老い」や「老人問題」を意識するのは、成長過程においてある種の実体験を伴いながら、年を重ねてからのことではないでしょうか。

たとえば、湯本香樹実《ゆもとかずみ》の『夏の庭』(ベネッセコーポレーション)は、小学六年生の主人公の友達が、おばあちゃんの葬式の様子を話すところから、ストーリーは展開して行きます。一人暮らしの老人と子どもたちのかかわりを視野に入れた、人の死の意味を浮かび上がらせた作品です。核家族化の孫と父母との薄れゆく関係を、鋭く突いたものともいえます。極言するなら、在宅看護がままならない住宅事情ですから、病院から死者を葬祭場に直送するような昨今、子供たちが「死」や「老い」を日常的に実感するのは、飼い犬などのペットの方が多いかもしれません。

私の体験からも、祖父母の死が「生・老・病・死」という、人間の根源的命題を生々しく提示してくれたように想います。さらに二十代前半の一九七二年に発表された、有吉佐和子《ありよしさわこ》の『恍惚の人《こうこつのひと》』を読破したとき、初めて「老人問題」を意識したものです。息子の妻昭子に介護されている痴呆老人、茂造の日常を活写することによって、現代の家族関係や老人介護問題を、真正面から読者に問いかける小説でした。いわゆる学生運動や障害者解放運動に身を投じていた時期でしたから、重度身体障害者問題と重ね合わせて、なお一層強い衝撃を受けたものです。三十五年以上も前の作品とはいえ、現代の若者たちにも老人福祉の解説書と合わせ、ぜひ読んで欲しい一冊です。

最近のものでは、壮絶な老人介護が話題になった佐江《さえ》衆一《しゅういち》の『黄落《こうらく》』（新潮社）も、老人と同居する家族関係を考えるのに、最適なテキストのひとつかも知れません。筋ジス患者の介護ボランティアの渡辺《わたなべ》一史《かずふみ》が、その実態を描いた『こんな夜更けにバナナかよ』（北海道新聞社）もまた、介護問題や障害者の自立問題を赤裸々に問いかけたノンフィクションとして、参考にしたい一冊です。

このように、個人史を振り返って見れば、老人や老人問題は、霞みがかった遠方の被写体から、時とともにズームアップされ、「老い」という課程を認識させられながら具現化してくるものなのです。

(3)社会的老いの実相

漠然と「老い」を意識するようになるとはいえ、「年をとる」または「老いる」という言葉を聞いたときに、明るいイメージより暗いイメージばかりが浮かんでくるのはなぜでしょうか。むろん、年齢に対する価値観は個人によって大きく異なります。年をとることに対して、とても前向きな姿勢の人も少なくありません。「老人力」を強調している方々です。また、一人の人間が持っている価値観の中には、「高齢者はそれだけ多くの人生経験を得ているのだから、人間としての幅が広がっている」という考えと、「でもやっぱり若くありたい」という、相反する考えが混在しているのも事実です。しかし世間一般には、やはり「老いている」ことよりも「若くあること」に、より多くの価値がおかれているように感じます。化粧品やダイエット商品の広告を見れば、世の中に「若さ」を重視する風潮があることがよく判ります。なぜ人は、「年をとる」ことを嫌がり、いつまでも「若く」ありたいと願うのでしょうか。

年をとること、つまり加齢は、生命体である人間にとってあまりにも自然なことゆえに、誰もそのことについてあらたまった疑問をさしはさんだりはしません。人間が動物である限りは、年を重ねるとともにその生理機能が低下します。どんな時代のどんな場所であっても、生物学的な老いは必ず訪れることを誰もが知っているからです。

「歳はとりたくない」と感じるのを「当たり前だ」と言ってしまわずに、どうしてそう感じるのか、ここではあえて疑って考えてみましょう。なぜなら、「老いを否定的に受け止める」ということは、イメージの問題だけではなく、多分に実体を伴う具体的な話だと感じているからです。

社会学的な視点から言い換えて見るなら、生物学的な老いに対して、生物学的な加齢が社会によって意味付けされた、社会現象、もしくは文化現象としての「老い」の存在です。これを「社会的な老い」と呼んでおくことにします。人が老いているかどうかはその社会の価値基準をもとに判断されるので、「老い」は社会によって異なり、時代や環境によっても変化するものなのです。

(4)「老い」を受け入れる社会

そもそも「老人問題」は、なぜ「問題」なのでしょうか。社会学の事典を開いてみると、「老人問題」という項目が出てきます。そこには「老人問題」とは、集約的に大きく分けて、①貧困問題、②介護問題、③孤独や老人性痴呆の問題、などと説明されているのです。発想の根底にあるのは、「老人」を私たちあるいは社会が対処しなければならない「問題」

として捉える視点です。だからこそ、その是非をめぐって議論百出した老人問題を象徴する事例のひとつに、二〇〇〇年四月から導入された「介護保険制度」があるのです。当時は、新聞やテレビの報道で、介護保険にまつわる話題が出てこない日など、一日もないほどでした。それらの報道の中で「介護保険」が議論されるとき、「問題」とされるのは、「介護保険の財源に消費税を当てるべきか」、「要介護認定のシステムの公平性をどう保つか」、といった内容がほとんど。認定の際に要介護のレベルをどう判断するかについて議論されることはあっても、そもそもなぜ高齢者が「要介護」にならなければならないのかが議論されることはありませんでした。なぜ「介護の質」を金銭によって図らなければならないのかを、ほとんど議論してきませんでした。高齢者が介護保険の対象となることに関しては、誰も疑いをはさまないのです。

こうした意識傾向は、今日見直し論議が盛んな自立支援法の問題にも共通します。障害者の「自立とは」という根源的な問題を避けて、「介護認定」のあり方や「応益負担」の撤廃など、現象面だけに世間の関心が集中しています。むろん、財源の確保など、政治的な現実問題を軽んじているわけではありません。しかし、「自立」の意味をしっかりと理解しない限り、財政逼迫の自治体においては、「ない袖は振れない」という論理がかなりの説得力を持ってしまうのです。老人や障害者に対する負のイメージや意識を生み出し、容認してきた土台そのものを俎上に載せないかぎり、誰もが安心して生きられる社会の到来は難しいのではないでしょうか。老いて生きること、障害を持って生きることの意味を、社会全体が論議しあえるよう、マスコミも含め、変革していかなければ、真の福祉国家への発展は期待できないように思えるからです。そうでなければ、社会的弱者といわれる人たちの多くが抱く、世間に対するある種の「負い目感」は払拭できないでしょう。

ともあれ、「社会的老い」を「高齢化社会」と置き換え、現象面の今日的課題についてできるだけ具体的なデータを元に考えてみます。

2　高齢化の状況

(1)二〇〇七年問題

わが国が先進国のなかでも、ずば抜けて「高齢化」の道を歩んでいることは、つとに知られています。平均寿命は世界最高水準を達成し、出生率は過去四十年間に半減しました。

行政や民間団体が、「高齢化社会の到来」「働きがいと生きがい」「第二・第三の人生に向けて」というスローガンで、新たな価値の変化と創造を主張するのも当然と言えるでしょう。そして、それは単に新しい社会の意味や価値観の到来を予期するだけでなく、生産や消費といった経済や社会の仕組みそのものの変化を意味しているからにほかなりません。増大する医療費や介護保険などの財源確保のため、福祉目的税の導入を安易に打ち出せませんから、なおさら高齢者の労働市場への参入は、経済政策の上からも焦眉の急といえるのです。

ＩＬＯ（国際労働機関）の推計によれば、高齢者の就労比率は二〇一〇（平成二十二）年で米国は六・四％、英国五・七％、スウェーデンで八・三％ですが、日本は十九・七％にもなります。わが国の場合、団塊の世代が二〇〇七年には六十歳代に突入し、「二〇〇七年問題」とまでいわれたことは、まだ記憶に新しいところでしょう。この大規模な人口集団が、二〇一二（平成二十四）年には六十五歳代に、つまり、年金受給が始まるのです。この変化で生じるのは、生産年齢人口の減少だといえます。二〇〇二（平成十四）年には八千五百七十万人いた生産年齢人口が、二〇一五（平成二十七）年には七千七百三十万人へと減少する、という推計もあります。高齢になっても働いてもらわなければ社会の仕組みが、物理的にも経済的にも支障を来たす可能性がでてきているのです。したがって、定年年齢は一九九八（平成十）年から六十歳へ引き上げられました。これで、六十歳は法によってお爺さんではなくなった訳です。

年齢で分類すれば、老年人口（六十五歳以上）の増加と生産年齢人口（十五歳〜六十四歳）の減少は避けにくい現実です。しかし、希望的な観測を述べれば、それは対応策の問題だとも言えるでしょう。もともと、老年人口比率が高い地域では、問題点や解決策の把握が、急速に老齢化が進む地域よりも、より早く、より容易だと考えられるからです。

繰り返しになりますが、「団塊の世代」といわれる一九四七（昭和二十二）年〜一九四九（昭和二十四）年に生まれた者は、出生数で約八百六万人、平成十九年で約六百七十七万人に、総人口に占める割合は約五・

三％という人口構造上、大規模な集団です。この大規模な人口集団がいっせいに退職期を迎え、労働市場から完全に撤退をしてしまうのですから、急激な労働力の減少となるのは当然といえます。したがって働き過ぎの若い世代への負担が、急激に増えることが予想される訳です。意欲や能力があって、まだまだ働きたいと考える「団塊の世代」の仕事への情熱を活かせる環境づくりが一層求められます。

また、団塊の世代は、高学歴化・サラリーマン化の象徴でもあります。進学や就職によって、都市圏に大量に流入したことから、「都市化の象徴」でもあるのです。大規模な人口集団が、退職を契機として、生活の根拠地を職場から地域に移すことになります。これを肯定的にみれば、「ゲバ棒世代」といわれた社会変化の原動力となってきた人たちが、地域生活のあり方を見つめ直し、高齢期の生活の多様な可能性を追求する絶好の機会でもあるはずです。高齢化社会の到来は、新たな地域生活モデルの創造につながると捕らえることも可能ではないでしょうか。

(2)五人に一人が高齢者

政府は二〇〇八年五月二十日に、『高齢社会白書』(二〇〇七年十月二十日現在)を発表しました。老人問題・高齢者問題に関する各種調査の中で、もっとも最新で一応信頼にたる資料と思われるので、以後、出典を明記しない場合は、この『白書』を元に記すことにします。

我が国の総人口は、二〇〇七(平成十九)年十月一日現在、一億二千七百七十七万人で、前年(一億二千七百七十七万人、十八年十月一日現在推計人口)に比べてほぼ横ばいになっています。その中で、六十五歳以上の高齢者人口は、過去最高の二千七百四十六万人(前年二千六百六十万人）です。総人口に占める割合（高齢化率）も二一・五％（前年二十・八％）となり、初めて二十一％を超えました。

六十五歳以上の高齢者人口を男女別にみると、男性は千百七十万人、女性は千五百七十六万人で、性比は七四・三となっています。この「性比」というのは、女性人口百人に対する男性人口のことを指します。

また、高齢者人口のうち、前期高齢者人口は千四百七十六万人（男性六百九十四万人、女性七百八十二万人、性比八八・七）でした。総人口に占める割合は、十一・六％となっています。後期高齢者人口は、千二百七十万人（男性四百七十七万人、女性七百九十四万人、性比六十・〇）です。総人口に占める割合は、九・九％となっています。特記すべきは、後期高齢者が、前期高齢者の伸びを上回る増加数で推移してきていることです。政府が後期高齢者医療を打ち出したのは、こうした傾向が顕著だからでもあります。

前述したとおり、日本の六十五歳以上の高齢者人口は、一九五〇（昭和二十五）年には、総人口の五％に満たなかったのが、一九七〇（昭和四十五）年に七％を超え、さらに、一九九四（平成六）年には、十四％を超えて「高齢社会」に突入したわけです。そして、今、まさに二十一％を超え、五人に一人が高齢者、十人に一人が後期高齢者という「本格的な高齢社会」となっているのです。

(3)「高齢者」とは

後期高齢者が十人に一人となると、さすがに将来への不安を感ずる人が急増するのも、やむをえないかも知れません。老齢者が他方の配偶者を介護する、いわゆる「老々介護」の問題も十人に一人が後期高齢者となれば、さもありなんということになるでしょう。さらに最近では、認知症の高齢者を認知症の配偶者が介護する、「認々介護」の増加問題が指摘されるようにもなりました。

「老々介護」という用語も、最近よく耳にするようになりましたが、ここでいままで述べてきたいくつかの言葉について、念のためひとこと解説しておきます。そもそも「高齢化社会」という用語の厳密な意味でさえ、あまり理解されていないように感じられるからです。

前期高齢者とは、六十五〜七十四歳の人のことです。後期高齢者は、七十五歳以上の人をいいます。

高齢化率とは、国連が「高齢者は六十五歳以上」というように定義したことから、全人口に対する、六十五歳以上の人口比をいうようになりました。国連の定義として高齢化率が七％を超えると「高齢化社会」、高齢化率が十四％を超えると「高齢社会」と呼ぶようになり、それが一般的に広がっていきました。さらに、高齢化率二十一％を超えると「超高齢社会」と呼ぶようです。繰り返しますが、日本では一九七〇（昭和四十五）年に高齢化率が七％を超えて高齢化社会に、一九九四（平成六）年に高齢化率が十四％を超え、ついに高齢社会の水準を突破したのです。この傾向は今後も続くことが予想され、それは**表1**からも明らかです。

また、認知症というのは、かつての「痴呆」の語が「認知症」に置き換えられた新しい名称です。日本老年医学会において、二〇〇四（平成十六）年三月に柴山漠人《しばやまひろと》が『「痴呆」という言葉が差別的である」と問題提起したのを受けて、厚生労働省の用語検討会により、同年十二月に「認知症」への言い換えを求める報告がまとめられました。老健局は同日付局長通知で、自治体や関係学会などに「認知症」を使用する旨の協力依頼を発令したので、今日ではほぼ定着した用語といえます。

表１　日本の高齢化率の推移

1950 年（昭和 25 年）	4.90%
1955 年（昭和 30 年）	5.30%
1960 年（昭和 35 年）	5.70%
1965 年（昭和 40 年）	6.30%
1970 年（昭和 45 年）	7.10%
1975 年（昭和 50 年）	7.90%
1980 年（昭和 55 年）	9.10%
1985 年（昭和 60 年）	10.30%
1990 年（平成 2 年）	12.00%
1995 年（平成 7 年）	14.50%
2000 年（平成 12 年）	17.30%
2005 年（平成 17 年）	19.90%
2010 年（平成 22 年）	22.50%
2015 年（平成 27 年）	26.00%
2020 年（平成 32 年）	27.80%
2025 年（平成 37 年）	28.70%
2030 年（平成 42 年）	29.60%
2035 年（平成 47 年）	30.90%
2040 年（平成 52 年）	33.20%
2045 年（平成 57 年）	34.70%
2050 年（平成 62 年）	35.70%

＊2000 年までは総務省「国勢調査」、2005 年以降は国立社会保障・人口問題研究所「日本の将来推計人口（平成 14 年 1 月推計）」より。

ともあれ、高齢社会の到来は未知の領域だけに、新しい言葉も生み出されていくと思われます。急激な高齢化がもたらすであろうさまざまな不合理は、日本の緊急課題のひとつなのです。**表1**は、その急激な増加を示しています。この表で「将来推計人口」というのは、全国の将来の出生、死亡や国際人口移動について仮定を設定し、これらに基づいて将来の人口規模や年齢構成等の人口構造の推移について推計したものです。

(4)少子高齢化社会の到来

高齢化率が初めて二十一%を超えた日本において、「高齢化の要因」はおおむね①平均寿命の延伸による六十五歳以上人口の増加に加え、②少子化の進行に伴う若年人口の減少にある、といわれています。戦後、死亡率(人口千人当たりの死亡数)は、生活環境の改善、栄養状態の改善、医療技術の進歩等により、乳幼児や児童の死亡率が大幅に低下しました。一九四七（昭和二十二）年の十四・六から約十五年で半減し、一九六三（昭和三十八）年に七・〇になりました。その後は漸減を続け、一九七九（昭和五十四）年には六・〇と最低を記録しています。

また、近年の死亡率はやや上昇傾向にあって、二〇〇六（平成十八）年は八・六（死亡数は百八万四千四百五人）、翌年には、推計で八・八（死亡数は百十万六千人）程度になると見込まれています。死亡率の上昇傾向は、ほかの年齢階層と比べて死亡率が高い高齢者の割合が増加したことによるものです。全体としての死亡率は、依然として低下傾向にあるといえるのです。

このように乳幼児の死亡率が減少しているにもかかわらず、少子化に歯止めがかからないのは、いかなる理由があるのでしょうか。少子化に

ついて朝日新聞出版発行『知恵蔵二〇〇八』には、

――出生率が持続的に低下して、子供の数が少なくなっていくこと。日本では、一九七五年以降、出生率低下が続いている。八十九年の合計特殊出生率（女性一人が一生の間に産む平均子供数）が一・五七と戦後最低となり「一・五七ショック」と呼ばれ、少子化が社会問題となった。九十年頃までは、夫婦の産む子供数は約二・二人と安定していたので、少子化の原因は未婚者の増大で説明できたが、近年、夫婦の出産数も減少に転じ、少子化に拍車がかかっている。――（以下略）

とあります。

合計特殊出生率は、「一人の女性が一生の間に出産する子供の数」を示す指標としてよく用いられています。合計特殊出生率を求めるためには、まず年齢別出生率を計算する必要があります。年齢別出生率は、「母親の年齢別出生数÷年齢別女性人口」の値です。この数字を十五歳から四十九歳まで一歳ごとに求め、それらを加えて合計特殊出生率という指標ができあがります。

この指標は、女性が仮にその年齢別出生率に従って子供を生んだ場合に、生涯に生む平均の子供数に相当するもので、その年の女性の子供の生み方を表す指標として用いられています。しかしながら、この数値は、あくまで「仮の生涯において一人の女性が生む子供数」で、「一人の女性が実際の生涯で生む子供数」とは異なりますので、その点を注意しなければなりません。子供を生む年齢が変化すれば、合計特殊出生率は変化します。日本のように女性の出産年齢が遅くなっている場合には、合計特殊出生率は実際の生涯の子供数より少ない数値になる、といわれています。

(5) 少子化の影響と対策

いわゆる「一・五七ショック」以後も出生率の低下は加速し、二〇〇四（平成十七）年の合計特殊出生率は「一・二九」、出生数は「一一一万人」にまで落ち込んでおり、日本の人口を将来的に維持するために必要な水準を大きく下回る状況となっています。ちなみに、人口の自然増と自然減との境目は、二・〇八（あるいは二・〇七）とされています。この数値は、男女比が一対一で、女性が生涯に子を産む出生率が二であれば、人口は横ばいを示し、上回れば自然増、下回れば自然減となるはずのところ、実際には生まれてくる子どもの男女比は男性が若干高いこと、出産可能年齢以下で死亡する女性がいることなどから、二よりも高くなっているわけです。

「低い出生率の下で子どもの数が減る」、すなわち少子化が進行するということは、生産年齢人口が減少するばかりか、総人口までが減少し続ける社会になることを意味しています。各種調査結果からも明らかなように、「人口減少社会」の到来がもたらす影響は、多方面にわたって今まさに現実化してきているのです。

具体例をいくつか挙げますと、人口の減少は消費の減少につながり、また、生産年齢人口の減少で労働力も低下するために、産業が衰退し、景気が低迷、その結果さらに消費は減少、景気は悪化…という悪循環に陥る恐れがあります。生産年齢人口の減少、老年人口の増加は、高齢者を支える若年層の負担増を意味します。したがって、現在の社会保障の仕組みの破綻が危惧されてもいるのです。

同時に少子化は個人の生活にも、さまざまな変化をもたらします。世帯人数の減少による過疎化、共働きによる家庭内の役割分担の変化などです。子育て問題としては、子ども同士の交流の機会が少なくなり、社会性が身につかない、過保護で自立できないなど、子どもの健全な成長の問題も懸念されます。教育面では、一部の大学で定員割れとなる一方で、大学間の格差は拡大し、親の教育熱が高まり受験競争は激化することが予想されています。このほか、住宅事情や労働など、さまざまな問題を上げることができます。

こうした少子化の問題は、九十年代後半から取り上げられ、「少子化に歯止めをかけること」、あるいは、「少子化による悪影響を緩和すること」の両面から種々の対策が検討されています。

「歯止め」の対策としては、「未婚化・晩婚化」、そして「結婚後の出産行動の変化」、すなわち、結婚すれば子供を持つのが自然であるという価値観の変容に、まず焦点が当てられています。国は、子育て支援、育児と仕事の両立支援、家計の負担軽減といった施策（エンゼルプランなど）を進めてきたのです。具体的には、保育の充実や育児休業取得促進、児童手当、企業の取り組み推進、男性の子育て参加促進、労働時間短縮、地域による子育て支援などの制度や仕組みが整備されつつあります。

「緩和策」としては、経済面の影響に対応するため、働く意欲のある人に雇用環境を整備して労働力を確保することや、個人の活力の維持を目的とした対策（高付加価値型の新規産業分野など）が求められます。さらに、公平で安定的な社会保障制度を設計すべく検討が始まっています。

このように多様な対策が取られていますが、その効果が表れるまでには時間がかかるでしょう。現時点で画期的な特効薬はおろか、確実な解決の糸口は見つかっていません。しかし、高齢者市場の拡大やシルバーサービス産業等の成長など新しい動きもあり、大規模集団の団塊の世代による「地域社会の活性化」も十分希望できるのです。さまざまな政策と国民の一人一人の意識とが相まって、少子高齢化の対策は、健全で豊かな社会を形成していくことが必要なのです。

3　視覚障害高齢者の生活環境

(一)身体障害者実態調査に見る概況

「高齢社会」といわれる現在ですが、「盲界」と俗称される視覚障害者の世界ではどうでしょうか。その現状を知るためには、五年に一度実施される「身体障害者実態調査」(以下「実態調査」と略します)の結果を見るのが妥当だと思われます。次に、この「実態調査」の概要を概観した上で、さらに高齢化の実態を検証した後、視覚障害者固有の老後の生き方、あるいはその課題について考えてみることにします。

まず、厚生労働省は二〇〇八年三月二十四日、二〇〇六年七月に実施した「身体障害児・者実態調査」の結果を公表しました。それによりま

表２　障害の種類別にみた身体障害者数の推移

年　次	総数	視覚障害	聴覚・言語障害	肢体不自由	内部障害	（再掲）重複障害
昭和26年	512	121	100	291	—	—
30年	785	179	130	476	—	—
35年	829	202	141	486	—	44
40年	1,048	234	204	610	—	215
45年	1,314	250	235	763	66	121
55年	1,977	336	317	1,127	197	150
62年	2,413	307	354	1,460	292	156
平成３年	2,722	353	358	1,553	458	121
8年	2,933	305	350	1,657	621	179
13年	3,245	301	346	1,749	849	175
18年	3,483	310	343	1,760	1,070	310

＊推計数（単位：千人）

すと、在宅で暮らす身体障害者は推計で、三百四十八万三千人でした。うち視覚障害者は三十一万人で前回（〇一年）の調査より九千人増えています。全体に占める構成比は八・九％となり、初めて一割を切った前回の数字をさらに下回る結果となりました。次に「実態調査」の中から、身体障害者数の推移の表を掲げておきます。

身体障害者三百四十八万三千

人の内訳は、「肢体不自由」百七十六万人（構成比五〇・五％）、「内部障害」百七万人（三〇七％）、「聴覚・言語障害」三十四万三千人（九八％）、「視覚障害」三十一万人（八九％）、重複障害も三十一万人と続いています。前回と比べますと、内部障害の二十六％増が目立ちます。

少し細かく見てみましょう。視覚障害者を障害等級で分けますと、「一級」十一万人（三五・五％）、「二級」八万二千人（二六・五％）、「三級」一万九千人（六・一％）、「四級」二万九千人（九・四％）、「五級」三万二千人（一〇・三％）、「六級」二万六千人（八・四％）。約六割が一、二級の重度視覚障害者であることが分かりました。

視覚障害者の年齢階級では、「十八、十九歳」が千人（〇・三％）、「二十〜二十九歳」が五千人（一・六％）、「三十〜三十九歳」一万二千人（三・九％）、「四十〜四十九歳」二万千人（六・八％）、「五十〜五十九歳」四

万六千人（一四・八％）、「六十〜六十四歳」三万三千人（一〇・六％）、「六十五〜六十九歳」三万三千人（一〇・六％）、「七十歳以上」十五万三千人（四九・四％）、「不詳」六千人（一・九％）。なんと視覚障害者の七割が六十歳以上であることが分かりました。いわゆる盲界もまた、明らかに「高齢社会」を迎えているのです。

また、近年視覚障害者の「点字離れ」の問題が指摘されていますが、調査対象となった三百七十九人の視覚障害者のうち、「点字ができる」と答えた人は四十八人（一二・七％）でした。一方、パソコンを「毎日利用する」とした人は二十八人（七・四％）、「たまに利用する」は十九人（五・〇％）という結果でした。パソコンを利用している人の割合は、ほかの障害種別と比べて低い実態も浮き彫りになっています。

(2)情報障害者の現状

情報の入手方法が注目されますが、調査対象となった視覚障害者三百七十九人に複数回答で聞いた結果は、「テレビ」と回答した人が六六・〇％で最も多く、以下は「家族」(五五・七％)、「ラジオ」(四九・三％)、「一般図書・新聞・雑誌」(二六・九％)、「録音・点字図書」(一四・八％)、「自治体広報」(一三・七％)と続いています。視覚障害者の特性からでしょうか、「ラジオ」を挙げた人の割合は、肢体不自由者や内部障害者の数字と比べると約一・七倍で、ラジオへのニーズが根強いことを物語っています。視・聴覚障害者が「情報障害者」と呼ばれているだけに、情報の入手方法について参考までに、「実態調査」の表を記しておきます。

なお、「ホームページ・電子メール」は六・六％。聴覚・言語障害者、肢体不自由者、内部障害者に比して、一番少ないのは視覚障害者でした。

表３　障害の種類別にみた情報の入手方法（複数回答）

＊（　）内は、障害の種類別の総数を 100 とした場合の割合（%）

	総　数	視覚障害	聴覚・言語障害	肢体不自由	内部障害
総数	4, 263 (100. 0)	379 (100. 0)	420 (100. 0)	2, 154 (100. 0)	1, 310 (100. 0)
一般図書・新聞・雑誌	2, 605 (61. 1)	102 (26. 9)	280 (66. 7)	1, 331 (61. 8)	892 (68. 1)
録音・点字図書	62 (1. 5)	56 (14. 8)	1 (0. 2)	1 (0. 1)	4 (0. 3)
ホームページ・電子メール	367 (8. 6)	25 (6. 6)	36 (8. 6)	196 (9. 1)	110 (8. 4)
携帯電話	366 (8. 6)	27 (7. 1)	49 (11. 7)	205 (9. 5)	85 (6. 5)
ファックス	173 (4. 1)	8 (2. 4)	65 (15. 5)	56 (2. 6)	44 (3. 4)
テレビ（一般放送）	3, 417 (80. 2)	250 (66. 0)	314 (74. 8)	1, 779 (82. 6)	1, 074 (82. 0)
手話放送・字幕放送	77 (1. 8)	4 (1. 1)	66 (15. 7)	5 (0. 2)	2 (0. 2)
ラジオ	1, 188 (27. 9)	187 (49. 3)	35 (8. 3)	589 (27. 3)	377 (28. 8)
自治体広報	1, 189 (27. 9)	52 (13. 7)	96 (22. 9)	620 (28. 8)	421 (32. 1)
家族・友人	2, 187 (51. 3)	211 (55. 7)	226 (53. 8)	1, 126 (52. 3)	624 (47. 6)
その他	190 (4. 5)	22 (5. 8)	16 (3. 8)	98 (4. 5)	54 (4. 1)

視覚障害者の三百七十九人のうち、パソコンを「毎日利用する」と答えた人は二十八人（七・四％）、「たまに利用する」は十九人（五・〇％）、「ほとんど利用しない」十二人（三・二％）、「全く利用しない」二百七十五人（七二・六％）という実態でした。大別して見ますと、「利用する」視覚障害者は一二・四％で、「利用しない」のは実に七五・七％にも達していたのです。

「利用しない」としたうち、今後のパソコン利用を希望する人は十一・一％、「利用したいと思わない」が四五・六％。「分からない」（一九・九％）と「回答なし」（二三・三％）で四三・二％を占めていました。

また、「点字ができる」は、三百七十九人中四十八人で一二・七％。一方、「できない」とした二百六十八人のうち「点字が必要」とした人は六・六％、「必要なし」は六〇・九％でした。

障害等級でみると、一級の視覚障害者で「点字ができる」とした人は二五・二%、二級では一三・〇%。一方、「必要なし」とした人はそれぞれ四六・七%、六九・〇%でした。一、二級の重度視覚障害者では、「点字ができる」人が二百三十五人中四十七人で、二〇・〇%という割合になっています。

こうした調査結果からは、高齢者の中途失明が増加している実態を、見事に投影している、と読み取ることができます。六十歳代以上の人が七割も占める現状ですので、それに伴い同時並行的にさまざまな課題も出現してくるのです。たとえば、点字図書館界において、カセットテープ図書からデイジー図書への切り替え論議が盛んですが、「実態調査」の結果を十分考慮した上で、視覚障害高齢者への配慮から激変させることなく、ソフトランディングの対応を望みたいものです。このデイジー切り替え問題に限らず、視覚障害高齢者特有の課題もたくさんあります。続いて、その代表的な事柄について二、三考えてみましょう。

(3) 社会参加の促進を支援

二〇〇四(平成十六)年に内閣府は、地域社会への参加に関する高齢者の意識を把握するために、六十歳以上の男女を対象としたすでに行われた三回の調査(一九八八年、一九九三年、一九九八年)との時系列分析を、「高齢者の地域社会への参加に関する意識調査結果の概要」として公表しました。この調査結果の中で注目したいのは、「何かの用(散歩なども含む)で出かけることが、週に何日くらいあるか」では、「ほとんど毎日」が五一・〇%と半数を超え、「週に二~三日」二〇・六%、「週に四~五日」一六・四%、「週に一日程度」六・三%、「月に二~三日以下」

五・六％の順で、一般の高齢者が実に元気でよく外出していることです。

「ふだん、近所の人とどの程度のつきあいをしているか」では、「親しくつきあっている」が五二・〇％と最も高く、「あいさつをする程度」が四〇・九％。「付き合いはほとんどしていない」は七・一％。過去三回の調査との比較では、「親しくつきあっている」は、一九八八年調査より一二・四ポイント、前回調査（一九九八年）より二・一ポイント減少し、地域とのかかわりが若干希薄になっているような結果でした。一方「あいさつをする程度」は増加傾向にあるので、一応のコミュニケーションだけは取っているようです。

また、参加している活動では、「健康・スポーツ（体操、歩こう会、ゲートボール等）」二五・三％、「趣味（俳句、詩吟、陶芸等）」二四・八％、「地域行事（祭りなどの地域の催しものの世話等）」一九・六％などの順となっています。社会参加への気運が高まっている半面、「参加したものはない」は四五・二％と四十％を超えているのです。過去三回の調査との比較では、「参加したものがある」は一九八八年調査より一八・四ポイント、前回調査（一九九八年）より一一・一ポイント増加していました。

参加している活動の中で、大きく数値が異なるものを前回調査と比較しますと、「趣味（俳句、詩吟、陶芸等）」は七・七ポイント、「健康・スポーツ（体操、歩こう会、ゲートボール等）」は七・〇ポイント、「地域行事（祭りなどの地域の催しものの世話等）」が六・八ポイント増加しています。

こうした一般の高齢者の社会参加の現状に比べ、視覚障害高齢者の活動はまだまだ不活発なように感じられます。近所付き合いについても、見えないという障害ゆえに自治会行事への参加もままならないのが現実だ、といえるでしょう。自宅付近であったとしても、声をかけてもらわなければ、気軽に挨拶もできません。したがって、盲人福祉施設や福祉センターなどを中核に、限定された「集いの場」に出入りすることが多くなるのもやむをえないことなのです。

とはいえ、一九八一（昭和五十六）年の「国際障害者年」を契機に、障害者の社会参加の気運が高まり、政府も積極的にその支援策を打ち出してきました。当事者たる障害者団体もまた、社会参加活動を促進する企画や要望を相次いで打ち出し、ＱＯＬ（生活の質）の向上に努めてきたわけです。

この盲界においても、二、三十年前と比較して最も変わったといわれているのが、情報機器の発達及びレジャー・スポーツの普及でしょう。

前述した「点字を必要としない」人の増加は、パソコンによるスクリーンリーダーソフトの利用によって、文字処理がある程度可能になったからに他なりません。情報処理技術の発達による恩恵は、まさに目覚しいといえましょう。

一方、レジャー・スポーツに関しては、基本的には人的サポートが不可欠です。たとえば、全盲者がジョギングをする場合、ロードワークにはガイドランナーが一人付いてくれなければ、いくら走りたくても走ることはできません。映画や演劇鑑賞にしても、劇場までのガイドが必要になります。要するに、視覚障害者が社会参加をする場合、移動支援・ガイドヘルパーの協力なくしては十分目的を果たせないということになるのです。

『点字毎日』の二〇〇八年七月二十七日号には、「移動支援の抜本的見直しを―社保審で支援法改正訴え―」と題して、障害者自立支援法の見直しについて話し合う厚生労働省の「社会保障審議会障害者部会（第三十五回）」において、各障害者団体からヒアリングを行った様子を報じています。日盲連の笹川吉彦《ささがわよしひこ》会長の発言を、次のように伝えています。

「移動支援事業について笹川会長は、視覚障害者が地域生活を送るうえでのガイドヘルパーの重要性を力説し、外出にお金が必要な現行制度の不合理さも強調」

確かに、近所のスーパーに買い物に行くにも、気軽に散歩を楽しむにも「なぜ移動するのにお金がかかるのか？」という不合理はあります。しかし、それは私たち当事者が声を大にして訴えていかなければ、理解者も支援策も出てはこないのです。移動支援・ガイドヘルパーの制度拡充は、視覚障害者の社会参加活動とは、不即不離の関係にあるといえます。かつて車椅子使用の人たちが、「そよ風のように町に出よう！」との合言葉で、入所施設から地域社会に飛び出していったようなパワーを、私たち視覚障害者も見習わなければなりません。そうでなければ、社会参加によるＱＯＬの向上は勝ち取れないのではないでしょうか。

(4)病気の不安

内閣府は二〇〇八年二月、生活上の心配ごとをはじめ、家計、健康と福祉などに関して、その実態と意識を把握するため、「世帯類型に応じた高齢者の生活実態等に関する意識調査」の結果を公表しています。調査対象は三種類の世帯の内で、地域において生活する一人暮らし世帯、夫婦のみ世帯、そして属性を限定しない世帯に属する六十五歳以上の男女でした。ここでは、健康に関する意識を取り上げることにしましょう。

健康状態について、心配とする割合を見ると、「一人暮らし世帯（六三・

〇%）」は、「夫婦のみ世帯（六一・九%）」と「一般世帯（五八・四%）」よりやや高くなっています。前回調査と比較すれば、一人暮らし世帯で「心配」とする割合は、「心配がある」では八・八ポイント、「多少心配がある」では一三・〇ポイント増加していました。一方、「心配がない」は二二・七ポイント減少しているのです。

心配ごとの内容は、「自分が病気または介護を必要」が、いずれの世帯でも最も高く（一人暮らし世帯三四・九%、夫婦のみ世帯三六・三%、一般世帯三六・四%）、次いで、一人暮らし世帯では「頼れる人がいなく一人きりである」が三〇・七%、夫婦のみ世帯では「配偶者が病気がちであったり介護を必要としている」が二三・三%、一般世帯では「子どもや孫のこと」が二二・六%という結果になっています。

このほか、「外出時の転倒や事故」（一人暮らし世帯二〇・四%、夫婦暮らし世帯一一・七％、一般世帯一一・三％）、「家事が大変である」（一人暮らし世帯一八・〇％、夫婦のみ世帯七・六％、一般世帯八・六％）、「自宅内での転倒や事故」（一人暮らし世帯一五・八％、夫婦のみ世帯七・六％、一般世帯七・七％）は、一人暮らし世帯で割合が高くなっています。前回調査（五九・五％）と比較すれば、一人暮らし世帯で「不安を感じる」は九・七ポイント増加（六九・二％）しているのです。

さらに将来への不安については、いずれの世帯も「自分が病気になったり介護が必要となること」が最も高く、一人暮らし世帯で八二・八％、夫婦のみ世帯で七六・五％、一般世帯で七二・六％でした。次いで、「配偶者が病気になったり介護が必要となること」が、夫婦のみ世帯で六三・六％、一般世帯で三九・〇％となっています。

こうした調査結果から、高齢者の多くが健康に関する不安を抱いていいることが分かります。無論、どの世帯においても共通する、地震などの災害時や年金による収入への不安もありましたが、概して一人暮らし世帯、すなわち「独居老人」は、より多く不安を感じている結果が明らかになっています。一般の高齢者の実態がそうなのですから、視覚障害高齢者はなおさらでしょう。

一般的に、高齢者の多くが医療費の支払いを負担に感じているのに対し、障害者は医療費の好適な助成があるために、基本的には無料ですので重圧を感じることがないといえます。これは、老後の生活を豊かに保つのに大きな援助といえるのです。ところが、現在の経済事情では、自治体により「医療費無料」の見直しを進めているところも出てきたのです。移動支援及び日常生活用具の給付事業などと同様、新たに地域間格差を生ずることになりかねません。やはりこれもまた、当事者の視覚障害者自身が強く自治体に要望しなければ、なんら解決への糸口は見出せないのです。

また、調査結果からは、ゲートボールやテニス、俳句や陶芸など、高齢者の活発な余暇活動への参加の現状も読み取れます。移動に不自由な視覚障害高齢者にとって、趣味の余暇的活動に参加するためには、移動支援制度の拡充に加え、自立支援法に基づいた地域生活支援事業による、地域活動支援の拠点作りにも力を注がなければなりません。盲人福祉施設においても、「地域活動の場」の確保に取り組まなければ、身体障害者の中で一割にも満たないマイノリティーな視覚障害者は、三障害一体の施設で居場所すら確保しかねる状況になりかねないのです。現時点において参考になる事業としては、京都ライトハウスの生活介護事業で、それまでの盲人福祉施設として培ったノウハウを生かし、三障害一体の施設運営とはいえ、音楽や音響をふんだんに取り入れたゲームなどを企画して、視覚障害者も参加可能なデイサービスを提供しています。このような先進的な参考事例を共有化して、自立支援法に基づく豊かな老後の地域生活を満喫できるよう、当事者が動き出さなければＱＯＬの向上は期待できないでしょう。

（5）「独居盲人問題」の解決策は？

同調査結果によれば、「仮に身体が虚弱になって、日常生活を送る上で介護を必要とするようになった場合、どこで介護を受けたいか」についてみると、一人暮らし世帯では「現在の自宅」が三〇・一％で、夫婦のみ世帯（五四・八％）、一般世帯（五三・八％）と比べて低くなっています。また、一人暮らし世帯では「特別養護老人ホームなどの老人福祉施設」、「老人保健施設」、「病院などの医療施設」、「有料老人ホームなど介護機能のある民間の施設または住宅」を合わせた「施設」は三九・三％となっており、夫婦のみ世帯（二八・九％）、一般世帯（二八・九％）と比べ高くなっていました。なかでも、「特別養護老人ホームなどの老人福祉施設」の割合が一九・三％と夫婦のみ世帯（一一・二％）、一般世帯（一〇・八％）に比べて高くなっています。一人暮らし世帯について前回調査と比較すれば、「病院などの医療施設」が前回より一〇・六ポイント減少し、ほかの介護施設などの施設は増加していたのです。

このように一般の一人暮らし高齢者は、健康の維持や災害時の対応など、多くの不安を抱きつつ生活しているのです。ましてや、一人暮らしの障害者はなおさらです。二〇〇〇（平成十二）年四月からスタートした、介護保険制度に対する障害者団体の関心度が高かったのも、家事援助などの人的サポートに直結する問題だったからに他なりません。

すでに述べたように、わが国においては高齢化が進む一方、高齢者を介護する若い世代の人口が減るなど、家族だけで介護を支えていくことが難しくなりつつあります。介護保険制度は、このような問題を社会全体で捉え、誰もが安心して老後を迎えられるようにという考えのもとに生まれました。この制度は、四十歳以上の人全員を被保険者（保険加入者）とした、市町村が運営する、強制加入の公的社会保険制度です。被保険者になると保険料を納め、介護が必要と認定されたときに、費用の一部（原則一〇％）を支払って介護サービスを利用できます。従来の行政主導の措置制度（市町村が利用できるサービスなどを一方的に定める仕組み）とは異なり、利用者が直接介護サービス事業者と契約をしてサービスを選択できる「利用者本位の仕組み」であることが大きな特徴、と制度導入にあたり政府は説明しています。また、民間企業や市民参加の非営利組織など多様な事業者の参入が可能であることも特色の一つにあげています。

被保険者は年齢によって次のように二種類に分けられます。第一号被保険者は、市町村内に住所をもつ六十五歳以上の者で、住所地の市町村に保険料を納め、介護が必要になった場合に、介護サービスを利用できます。第二号被保険者は、市町村内に住所をもつ四十歳以上六十五歳未満の医療保険加入者で、脳血管疾病やパーキンソン病など、介護が必要となった原因が、老化との間に医学的関係が認められる「特定疾病」による場合だけ介護サービスを受けることができます。サービスを利用しようとする被保険者は、市町村に要介護認定の申請を行い、認定を受けなければ利用することができません。認定の申請を受理した市町村は、認定調査員を派遣して要介護度の調査を行い、三十日以内に認定を通知します。利用できる介護サービスの限度は、要介護度によって異なります。さらに、どのようなサービスをどれくらい利用するかを決めるため、ケアプランを作成しなければなりません。ケアプランは、通常は要介護者の場合は居宅介護支援事業者のケアマネージャーが、要支援者の場合は地域包括支援センターが作成しますが、自分で作成することも可能です。計画作成後、ケアプランを市町村に届け出る、という手続きの流れになっています。

このように介護保険制度は、一人暮らしにせよ、夫婦二人暮らしにせよ、家事援助を受けながら豊かな老後の生活を補填する制度といえるのです。ところが、この介護認定の調査項目の中に視覚障害の特性を反映させるものがなく、不利益を被る人が少なくないのも現実なのです。『点字毎日』

二〇〇六年八月二十日号の「論壇」に、本書執筆者の一人長尾榮一氏が、介護保険法改正による苦悩、という表題で、次のように介護認定の問題を指摘されています。

「私は五月に介護保険の再調査を受け、六月七日、認定書が届いて要介護一から要支援一に二階級下げられてしまい、家事援助のヘルパー派遣回数や時間が減らされた。…そこで、調査内容と医師の意見書の開示を請求した。…一応、文面の確認があって渡された。しかし、やはり内容には不適切な記載があった。たとえば、全盲という項目がないから『ほとんど見えない』になっていたが、『視力は判断不能』の項目にすべきだと思う。アンケートをコンピュータにかけて点数を出すため、特記事項は読み込めない。特記と医師の意見書は審査会で配慮されるというのだが、はたして委員にそれだけの時間の余裕と丁寧さがあるのか疑問だ。

…」と。

介護保険の問題は、若い人たちにとっても他人事ではありません。いずれその恩恵を十分に享受するためだけでなく、将来的には自立支援法との統合が予想されているからです。この制度の拡充を求めていかなければ、自立支援法の的確な運用を実現することが望めないといえるでしょう。

近年、一人暮らしの視覚障害者問題を独居老人に倣い、「独居盲人問題」と呼ぶ向きもありますが、たとえ三十歳代や四十歳代の視覚障害者においてもまた、高齢者の介護問題と同種の課題を持っているという実体を示した表現なのです。視覚障害者が家族から遠く一人離れて生活するのは、そう生易しいものではありません。したがって、自立支援法見直し論議において、身体障害者にもグループホーム制度の拡充・適応をすべきだ、との強い要望が出てくるのもうなずけます。そのイメージとしては、プライバシーが補償されたバス・トイレ・ダイニング付きのワンルームマンションのような個室のほかに、共有居住空間として浴室や食堂もあった上に、管理者が常駐する施設。ちょっと困ったときに援助を得られる人員が配置されているところに、こうした施設が求められるのだと思われます。

現行制度においても事例は少数ですが、五〜十程度の居室を有する「福祉ホーム」として、視覚障害者を対象にした入所施設があります。実際に訪問した施設では、大分県のしののめ福祉ホームと埼玉県深谷市にあるむさし静光園《せいこうえん》で、下は十九歳から上は八十歳代まで、幅広い年齢層の入所者がおり、この現実を見る限り、今後視覚障害者問題の重点課題のひとつになることは、まず間違いないと感じました。特に静光園の場合は、図書室なども完備されているほか、食事の手配も受けられるなど、安心して暮らせる居住環境が整っています。一方、グループホームの方が制度的に人件費を得やすいため、自立支援法の見直し論議において強い要望として掲げられているのです。

以上のように、視覚障害者の老後の問題について記述してきましたが、結論的には居住及び活動の「場の確保」、さらに、ホームヘルパーに代表される「人的援助制度の拡充」ということに尽きるのではないでしょうか。安心して老後を暮らせる社会環境を整えるのには、やはり若い人たちをも含めたいわゆる「盲人運動」の活性化が急務だと思います。

高齢視覚障害者の金銭問題

新阜　義弘

一　はじめに

私たちが、老後に備えて真剣に考えねばならないことは、一人の市民としての義務であり責任です。それが、視覚障害という大きな負担を持っている高齢視覚障害者にとっては非常な不安といらだちを抱くものです。これから説明する項目は、「老後の蓄え」という観点だけではなく、「明るく健康で長生きするための経済的な保障」という考え方が大切なのです。だからこそ、現状の福祉サービスの制度面からの理解と説明、利用上の注意と留意点、生活面での正確な情報の収集と提供を考えねばなりません。

また、四十歳からは、介護保険の保険料を支払っておられると思いますが、介護保険と障害者サービス制度の関係を理解しておくことも大切なことです。六十五歳以上（病気によっては四十歳から）の介護保険の給付の対象となる場合、原則として介護保険が優先されます。ただ、介護保険で対応できないサービスや障害の特性について固有なサービスが必要な場合は、障害者福祉サービスが利用できるのです。視覚障害者の場合は、ガイドヘルプサービスが、その象徴的なものです。

このように介護保険制度と障害者福祉制度は、別の制度区分です。高齢視覚障害者の皆さんは、サービス利用の際の金銭的な支払いや計画面での理解をしながら利用者負担を考えましょう。

利用者負担も、世帯の所得などの要件によって決まってきます。だから、自らの金銭管理、経済的な状況をしっかりと理解しておくこと、家族との金銭面での共通な理解と情報交換も必要となってきます。利用者負担の上限月額や減免措置についても公的な相談窓口で必ず確認してください。制度は年度によっても変化しています。日々何か疑問や不安があれば、相談窓口に確認しましょう。平成二十年度の制度改正により、世帯の範囲も変わりました。

毎日の生活では、食費、光熱水費、医療費、日常生活費などその他もろもろの費用がかかってきます。それは、自らの経済力でカバーしていかねばなりません。その具体的な情報を一つずつ確認していきましょう。

2　年金等の情報（数字は平成二十年十月一日現在）

(一)国民年金（障害基礎年金）

受給資格：精神、または、身体に一定以上の障害を有する二十歳以上の人（二十歳以上で障害が発生した人は、公的年金制度に加入しており、一定の要件に該当していることが必要）。また、老齢年金を受け始めてから障害が発生した人を除きます。二十歳以前に障害が発生した人は、二十歳になった時に、下記の支給要件に該当していれば、二十歳になった時から受給できます。

支給制限：二十歳前の傷病による障害基礎年金は、本人の所得および公的年金の支給により、支給制限があります。

支給要件・月額（国民年金法の障害等級による）：一級―八万二千五百八円　二級―六万六千八円

※子供の加算については、第一子・第二子は月額一万八千九百九十二円、第三子からは月額六千三百二十五円となります。

支給月：二月・四月・六月・八月・十月・十二月

問い合わせ先：社会保険事務所（二十歳以前では市町村の国保年金、医療係）

(2) 特別障害給付金

（これは、無年金訴訟による立法措置です）

対象者：平成三年三月以前に国民年金任意加入者であった学生、または、昭和六十一年三月以前に国民年金任意加入対象であった被用者等（厚生年金、共済組合の加入者等の配偶者）。上記に該当する人で、当時任意加入していなかった期間に初診日があって、現在障害基礎年金一級、二級に相当する障害に該当する人。

なお、現在障害基礎年金、障害厚生年金、障害共済年金が受給できる人は除きます。

月額（障害基礎年金の等級に該当するもの とする）：一級―五万円　二級―四万円

ただし、本人の所得、老齢年金、遺族年金、労災補償を受給している場合は支給制限があります。

問い合わせ先：社会保険事務所

(3)厚生年金・共済年金

これらは、加入期間を満了した後に支給されます。

ただし、加入期間の途中で障害が発生した場合は、障害基礎年金に上乗せして、障害厚生年金、障害共済年金が支給されます。

問い合わせ先：社会保険事務所、各共済組合

（4）手当

これは、各地方自治体、地域によって異なるものです。必ず都道府県、市町村の保健福祉に関係する部署に問い合わせてください。

具体例：児童扶養手当・福祉手当・特別障害者手当等

［児童扶養手当］

離婚や死亡等によって、父親がいない児童（及び父親が重度の障害者である児童）を養育している母親等に支給されます。

支給月額：一人目の児童―四万千七百二十円（全部支給）、四万千七百十円～九千八百五十円（一部支給）

※一部支給の手当て額は、所得に応じて設定されます。

二人目の児童―五〇〇〇円

三人目以降の児童―三〇〇〇円

表1　老後の金銭管理と経済要件

種　類	名　目	金　額	留 意 事 項
国民年金	障害基礎年金（1級）	（月額）8万2,508円	国民年金の障害等級による。初診日が20歳以前である。所得制限がある。
	障害基礎年金（2級）	（月額）6万6,008円	
	特別障害給付金（1級）	（月額）5万円	障害基礎年金の給付を受けられない方の年金である。
	特別障害給付金（2級）	（月額）4万円	
厚生年金		各個人により、違いがある。	原則として、通算300ヶ月以上の加入とする。
共済年金		各個人により、違いがある。	主に公務員のための年金である。
手　当	児童扶養手当	（月額）4万1,720円	個別に要件が異なるため、必ず市・町・村に問い合わせること。
	福祉手当		
	特別障害者手当て	（月額）2万6,440円	
恩　給		各個人により、違いがある。	厚生労働省社会・援護局に問い合わせること。
貸　付	生活福祉資金	資金の種類により、違いがある。	限度額・据え置き期間に違いあり。

（平成20年10月現在）

※児童が、父親に支給される公的年金の加算対象となっている場合、母親の所得が限度額以上の場合、母親等が老齢福祉年金以外の公的年金の給付を受けることができる場合等は、支給されません。

問い合わせ先：市町村の保険福祉関係部署

3　その他の金銭的な優遇措置（公共料金等の割引）

(1)税金面

A．所得税

①障害者控除

本人または、対象の配偶者、扶養親族が、身体障害者手帳三級〜六級を所持していること。所得控除二十七万円。

②特別障害者控除

本人または、対象の配偶者、扶養親族が、身体障害者手帳一級〜二級を所持していること。所得控除四十万円。

③配偶者控除

同居の控除対象配偶者が特別障害者の場合。特別障害者が七十歳未満の場合所得控除七十三万円。特別障害者が七十歳以上の場合所得控除八十三万円。

④扶養控除

同居の扶養親族が特別障害者の場合。特別障害者が十六歳以上二十三歳未満の場合九十八万円。七十歳以上の老親等の場合九十三万円。七十歳以上の老親以外の場合八十三万円。それ以外の場合七十三万円。

B．貯蓄における利子配当の所得税の減免措置

金融機関で、身体障害者と確認できる書類を提示し、手続きを行って預け入れる預貯金について、その利子が非課税となる制度があります。

「郵便貯金三百五十万円、小額預金三百五十万円、小額公債三百五十

万円」
非課税枠は、元本三百五十万円以内。窓口は各金融機関です。
問い合わせ先：税務署

C. 住民税

①障害者控除
本人または、対象の配偶者、扶養親族が、身体障害者手帳三級～六級を所持していること。所得控除二十六万円。
②特別障害者控除
本人または、対象の配偶者、扶養親族が、身体障害者手帳一級～二級を所持していること。所得控除三十万円。
③配偶者控除

同居の控除対象配偶者が特別障害者の場合。特別障害者が七十歳未満の場合所得控除五十六万円。特別障害者が七十歳以上の場合所得控除六十一万円。

④扶養控除

同居の扶養親族が特別障害者の場合。特別障害者が十六歳以上二十三歳未満の場合六十八万円。七十歳以上の老親等の場合六十八万円。七十歳以上の老親以外の場合六十一万円。それ以外の場合五十六万円。

問い合わせ先：各住民税事務所

D. 相続税

相続人が身体障害者手帳三級～六級の場合と、一級～二級の場合によって税額控除額が変わってきます。各税務署に問い合わせてください。

E. その他の障害者手帳により減免される税金

①事業税

重度の視覚障害者（両眼の視力の和が〇・〇六以下）が行うあんま鍼等に類する医療類似行為。全額非課税。

問い合わせ先：県税市税事務所

②自動車税・軽自動車税

問い合わせ先：県税市税事務所

③自動車取得税

問い合わせ先：県税市税事務所

(2)公共料金の割引

①ＮＨＫ放送受信料の減免

問い合わせ先：NHKの各放送局
②NTT番号案内無料措置
問い合わせ先：ふれあい案内担当
③携帯電話・PHSの料金割引制度
問い合わせ先：各事業者割引担当
④郵便物の割引制度（点字用郵便、青い鳥はがき提供）
問い合わせ先：各郵便局
⑤公立駐車場と公園
問い合わせ先：各市町村窓口

(3) 交通費の割引

①鉄道・バス・地下鉄・ケーブルカー・ロープウェー等

②航空券（国際線は含まない）
③客船・フェリーボート等
④タクシー乗車券
⑤有料道路・高速道路

4　高齢者が巻き込まれやすい金銭トラブル

(1)詐欺事件

最近マスコミで大きな社会問題として報道されている「振り込め詐欺事件」は、ほとんどが高齢者が被害者となっています。子供や孫が事件に巻き込まれたと電話し、あわてさせて金融機関へ出向かせて振り込みをさせる詐欺の手口です。金融機関で携帯電話で話しながら、端末を操作している高齢者を見かけたら注意して、まず、落ち着いてもらうこと。そのうえで、「あわてない、あせらない、確認する」を常に頭に入れておきます。新たな手口で、年金や税金の還付金を装った詐欺や高額な寝具類や消火器等の訪問販売、テレビ等の通信販売によるトラブル等と多種多様な詐欺事件が多発しています。まずは、恥ずかしい気持ちや悔しいという感情を落ち着かせて、お近くの警察署か、それらに対応できる機関、消費生活情報センターや通信販売トラブル、貸金業による苦情、訪問販売による被害相談窓口（都道府県）に相談してください。また、一定期間内であれば契約が解除できる「クーリングオフ」という制度を利用することもできるので安心して行動しましょう。

(2) 資産運用

退職金や老後の資金で運用成績の良い金融商品を購入している人が多いようです。しかし、世界的な金融不安や株式相場の下落により、多くの高齢者が被害にあっています。残念ながら、契約は不都合がない限り成立しているので、「自己責任」「想定外」ということで、片付けられてしまいます。資産運用については元本保証がなければなりません。安全性を優先した方が良いのです。安全であることが大切です。疑問や安心できないことがあれば、契約をしてはいけません。甘い言葉に乗せられないことを心がけましょう。

5　医療

(一)重度障害者医療費助成措置

対象：十八歳以上～六十四歳以下の身体障害者手帳の一級と二級の公布を受けた人（所得制限あり）。ただし後期高齢者医療の助成を受けている人は除く。

内容：保険診療にかかる医療費について、通院時には、一日最大五百円（低所得者は一日三百円）を月二回まで、入院時には月最大二千円（低所得者は千二百円）を医療機関ごとに一部負担金として負担していただきます（保険診療自己負担と一部負担金の差額を助成します）。

※七十歳から七十四歳までの方は、医療機関の窓口で一旦保険診療自

己負担額をお支払いいただき、後日、申請して保険診療自己負担分と一部負担金の差額を返却する償還払いという方式となります。

(2)高齢重度障害者医療費助成

対象：六十五歳以上の後期高齢者医療を受けている被保険者。

内容は上記の「重度障害者医療費助成制度」に同じ。

問い合わせ：市町村保健医療課

(3)後期高齢者医療制度

対象：六十五歳以上で、国民年金（障害基礎年金）の障害等級一級、二級に該当する方、身体障害者手帳一級から三級、四級の一部の方の申請により、後期高齢者医療広域連合の認定を受けて、後期高齢者医療受給者証を交付してもらった被保険者。
※いつでも将来にわたり、申請を撤回することができます。

6　高齢視覚障害者の福祉サービス

(一)制度を理解しておきましょう

私達が援助サービスを受ける場合は、「自立支援法」と「介護保険法」の二つが挙げられます。前者は、外出介助のガイドヘルプや家事援助によるホームヘルプで利用している人も多いでしょう。後者は原則六十五歳以上の人で介護度がついた人が前者と同様にサービスを受けられます。介護保険は自立支援法に優先されます。つまり、六十五歳以上の高齢視覚障害者の人は、主に介護保険の制度を利用することになります（ガイドヘルプは自立支援法）。また、糖尿病性網膜症での視覚障害のある人は、四十歳からサービスを受けられます。

高齢視覚障害者への専門サービス施設としては、全国に四十八ヵ所ある盲老人ホームがあります。老人福祉法改正により、一昨年度から施設で介護保険が使えるようになりました。これは、高齢視覚障害者への専門的サービス提供施設として法律上に位置付けられ、介護保険も利用しながらより充実した生活を送っていただけるようになったのです。

(2)現状と課題について

高齢視覚障害者サービスは、在宅も施設も二つの制度によって運用されています。利用者本位や地域支援、自立支援や包括的リハビリ、自己決定や生活の質的向上を理念としてかかげ、その実現を目指しています。しかし、財政面や受益者負担等からの制度改正が行われ、利用者や事業所にとって厳しいサービス体制となっています。両者の統合も含め、負担原則等の内容も見直して制度の硬直を防ぐ努力が必要でしょう。

(3)具体的なサービスのメニューとして

①在宅では、視覚障害に理解のある事業所やケアマネージャーを探しましょう。これは口コミの評判で見つけましょう。例えば、各地の社会福祉士や介護福祉士の組織、行政や社会福祉協議会、ボランティア等評判の良い所です。ご本人だけでなくご家族の介護問題にも相談にのってもらえる所がいいでしょう。合わない場合は、事業所を変更するか、ケアマネージャーを交代してもらいましょう。

②施設を選ぶ時には、まず情報を集めることが重要です。電話やインターネットを使いましょう。ケアマネージャーだけに頼らず、地域の施設を見学、もしくは、資料をもらいましょう（パンフレットや広報誌、

ホームページ）。施設も在宅も見学や体験ということを重要視して下さい。体験ショートステイやお試しデイサービスがある所が良いでしょう。

③盲老人ホームの入所申込みは、お住まいの市町村に申し出てくださ い。そこから各施設に届きます。複数申込みをしたいと希望して下さい。二泊三日ぐらいの体験ショートステイから始め、二週間ぐらいまで数回試して泊まって下さい。入所待機者数も書類数ではなく実数、つまり本当に待っている人の数を教えてもらいましょう。点・墨字のパンフレットや機関誌等の情報を用意している施設が良いでしょう。

7　生活保護

生活に困窮した人に対して、国や地方自治体が金銭的な援助をする制度です。生活扶助、教育扶助、住宅扶助、医療扶助、介護扶助などの種類があります。また、世帯に障害者がいる場合、支給金額が加算されます。

申請をする場合は、各市町村の福祉関係窓口へ相談をしてください（申請には事前の相談が必須です）。

老後の生活

長尾　榮一

一般に漠然と「老後」といいますが、いつからなのでしょうか。考えられるのは定年、病気、配偶者の死亡といった人生の節目です。しかし、定年のない自由業、重い病気にもかからない、配偶者も健康というような人はいつからを老後にしたらいいのかわかりません。経済的には年金だけで生活しなければならなくなったときでしょうか。筆者は、子どもたちを独立させ、自分一人になって、住宅ローンは払いながら、一応は患者さえあれば治療もし、それなりの収入もあります。それ以外の時間はなるべく、人のため、社会のためになることを優先し、それでも余る時間は趣味を楽しむようにしています。

今もその気持ちに変わりはありませんが、公的な仕事が最前線ではなくて、相談役といった一歩下がった立場に変化しつつあり、いきおい趣味のウエートが高まってきました。

生活環境や経済も安定し、それでよしとする人は安心立命《あんしんりつめい》の境地で静かに死を迎えれば良いです。人生に変化の多い者は、その変化を受け入れるならば、その都度何を自分の生き方として選ぶかによって対応を考え、対処していくことになります。客観的に安住と見えても本人の心がおさまらず、安住に耐えられなくなっていれば、何らかの変化を求めることも可能であって、それには本人の勇気とエネルギーと忍耐とが必要でしょう。

活動を起こすには情報を集めて知識を持ち、それを吟味する必要があります。失敗が許されない、後戻りできない決断には適切な相談をすべきです。とかく、相談というものは自分の思考の裏づけをとりたいというものが多いです。そこは相談ですから参考意見として自分の考えを変えなければならないこともあります。変える余裕を持って相談した方が良いです。相談の結果を実行に移したとき思うようにいかなくても相談相手に責任を負わせることはできません。

相談する機関や役職はたくさんあり、専門の人に相談する必要がありますが、機関や役職名を信用するのでなく、人をよく見極め、親身に考えてくれる人を選ばないと失敗してしまいます。セカンドオピニオンではありませんが、複数の相談をし、結論を導くべきです。

相談者とは膝詰めで話す方が良いですが、視覚障害者の場合訪ねて行くことが困難なときは、まず電話で相談してみるのもいいでしょう。もしかすると、どうしても会わなければならないこともあるでしょう。書類を必要とすることもありますから、それはそれで自分で納得のいく解決策を立てなければなりません。決して人に頼んだのでそれでいいと思ってはなりません。自己責任です。

相談のとき、専門家が使う用語がわからないことがありますが、そんなときは恥ずかしがらず、自分で理解できるまで根ほり葉ほり聞いて納得することが大切です。

知り合いがこう言ったからなどと、知識のない人の単なる印象上の意見を信用する人がいますが、それはいけません。茶飲み話や、ラジオ、テレビ、新聞にしてもすべて正しいと思いがちですが、それも危険です。自分の生き方に多大の影響のある結論の材料としては情報の信憑性を確かめるべきです。

以下、具体的な事柄に触れましょう。

一　健康の維持

何にも増して健康でなければ意義ある人生は送れません。病気はなるべく治し、治せない病気とは現状維持が続けられるように上手につきあうことです。医者は専門家にかからなければなりません。医師はどんな病気でも扱えることになっていて、専門でなくてもそれなりのことを言ったり、したりします。

病気に合った科を選び、さらにいえば、その中でも専門を選びます。たとえば整形外科にしても、関節に詳しい医者もいれば、筋肉に強い医者もいます。そんなことをいわれても、どういう医者を選んだらいいかわからないかもしれませんが、知り合いの医者に聞くとか、紹介してもらうとか、インターネットで調べるという方法もあります。面倒なことですが、眼科学会誌とか整形外科学会誌をみて、その病気について何かの論文を出している医者なら詳しいと判断することもできます。論文ばかり書いて、実力のない医者もいるそうですが。医者のセカンドオピニオンは堂々とできるので、卑屈にならず、最初の医者の画像データなども借りて、ほかの医者に診てもらうことも良いです。その上で決めた医者でどうなっても自分の回り合わせとあきらめます。老大家がいいかといえば、必ずしもそうではありません。日進月歩する医学ですから中堅の方が良いことも知っておくべきです。

自分でできる健康法の第一は運動です。どうしても視覚障害者は運動不足になりやすいです。病気は安静という古い思想が残っていますが、動物は動くようにできていて、動くことが必要です。そのやり方や量は過去の運動歴やその時の体調など個人差がありますから自ら判断すべきです。少々の痛みはあっても、運動しているうちに循環が変わって良くなることが多いです。

ラジオ体操といったものは方式が決まっていて便利ではありますが、数分で終わるぐらいでは足りません。戸外に出られれば平坦なところを歩くことが最も良いです。できれば土の上が良いです。負荷をかけた方がいいと思って、坂道や階段を歩いたり、速く走ったりする人がいますが、心臓への負担が大きく、高齢者には向きません。プールでの水中歩行は浮力で体が軽くなり、水を蹴って歩くので良いですが、人によって合わない人もいます。

手足を動かせない場合、寝たきりでも深呼吸をたくさんやるとか歌を歌うと、胸腹部が動いて、手足の末梢循環が変わり、全身運動になります。できれば上半身を起こしてやった方が良いです。

脳の機能も健康のうちに入ります。脳を刺激することが大切です。読み書きやものを考えること、たとえば俳句や短歌、詩、文章（日記など）を読み書きしたり、歌を覚えて歌ったりすることが良い刺激になります。間接的には手足、特に手先の作業をしたり、頭皮や手足の先をこすったりするのも良いです。

2　認知症

老人性痴呆症、今は「認知症」と呼ばれるようになりました。これは老化による慢性の知能低下を指し、認識し、思考し、判断し、推理することができなくなる病気です。物忘れといわれますが、単なる物忘れではありません。よく、人の名前や物の名称が出ないとか、物を置き忘れるとか、めがねをかけているのに探したとか、携帯電話を何気なく置き忘れるとかといったことがあると認知症が始まったかと心配する方がありますが、それは生理的な老化による脳の記銘力（物事を覚え込む力）の低下なのです。

認知症の初めは暗算ができなくなります。やろうとしても間違った結果しか出ないのです。長谷川式認知症診断テストには「百から七を順番に引いていく」という課題がありますが、最初の引き算はできても、次から間違えたりします。五つの品物、たとえば鉛筆やハンカチなどを見せてから、シートなどでそれらを覆い隠し、中に何があるかを聞いても、正解が得られないこともあります。

こんな症状は二つの病気に基づくもので、脳血管障害かアルツハイマー病です。前者は脳動脈硬化、脳梗塞（脳の血管が狭くなるか、血液の塊などが引っかかって詰まり、そこから先の血管の行く組織が軟化または壊死する病気）のために記憶中枢の働きが悪くなるものです。したがって、糖尿病の部分症状でも起こり、高血圧が基礎疾患にあることもあります。後者はドイツの神経学者アルツハイマー（Alzheimer、一八六四〜一九一五）が報告した病気で、初老期に起こる記銘力低下から始まります。

認知症になる前の出来事は憶えていても、それから後のことは思い出せません。ですから、配偶者のことはわかっても子どものことはわからなくなることもあります。そして、たとえば定年になっているのに通勤を思って外に出るなど、何かの動機で徘徊するようになります。持ち物が見つからないと周囲の人が盗んだと妄想します。そのうちに昔のことも忘れ、食事をしたのもすぐに忘れ、さらには尿や便の失禁を起こしてきて、最後は衰弱して死にいたります。こういう人は人柄も変わり、強情になったり、泣き虫になったり、性的欲望が激しくなったりすることもあります。有吉佐和子の小説「恍惚の人」を読むとその一例が理解できます。

おかしいと思われたらなるべく早く精神科の医師を訪ねるべきです。

「物忘れ外来」というのもあります。精神科でもなるべく認知症の専門医が望ましいです。最近、進行を遅らせる薬も開発されてきています。しかし、患者は病気を認めませんから、自分はなんでもないから医者など行かないと言い張るでしょう。そういう場合は嘘も方便で連れて行くよりほかありません。

介護者は、しかりつけたり暴力を振るったりせず、優しく納得させ、上手に世話する必要があります。

アルツハイマー病の予防法は今のところ見つかっていません。脳血管障害の場合は、リハビリテーションを徹底してすることです。つまり、ウォーキングなどの運動、手作業、歌を歌う、人と交わるなどのことを基礎疾患の治療に加えて励行することが大切です。

うつ病を伴うこともありますが、うつ病と認知症とを同一視してはいけません。

基礎疾患として最も高率なのは高血圧です。医者は降圧剤を出し、飲み続けるように指示します。血圧が下がって安定しても、もしも血圧が上がると危険を生じるので続ける必要があります。薬が進歩しましたから副作用はほとんどありません。肝機能が衰えると排泄しきれない薬がたまり副作用を見ることもありますから肝機能検査をしながら飲み続けてください。

3　年金

社会保険庁や社会保険事務所の不祥事が続いていますが、若い人は年金は必ずかけておかなければいけません。特に職場が変わる人の場合、注意する必要があります。

また、年金法の改正によって支給額が変わることがあります。改正されたと省庁から教えてはくれません。そういうときは加入者の相談室がありますから訪ねて確認をしておくと良いです。

二〇〇七年四月から、公務員共済や厚生年金の上に「老齢基礎年金」をもらっていた六十五歳以上の障害者手帳一、二級所持者は、「障害基礎年金」に変更することができるようになりました。この手続きをしないでいると年間約二十万円受け取れないことになります。このことを末端の社会保険事務所が知らないで、申し立ててもそんなことはないと却下される例が全国的にあります。こういうことも省庁からは知らせてくれません。自分で勉強し、熱心に申し立てないと損をします。

4　公的な社会参加

政治経済が地方分権、規制緩和で、国の仕事を地方に降ろす方向にあります。同州制にでもなればなおさらです。「障害者自立支援法」のもとでも、国が行うべきことも市区町村に降ろしてしまい、地域格差を生み、地域の障害者が不利益を受けることが起こっています。移動支援、つまりガイドヘルパーの利用時間も、「支援費制度（二〇〇六年度まで）」が本法になったとき（二〇〇七年四月または同十月）から減らされてしまった地区があります。こういうとき、地域の障害者団体がしっかりと行政と連携して情報を得、不当な扱いには抵抗したところは改悪されませんでした。

介護保険法も改正され、利用者が知らないうちに単位時間が二時間から一時間三〇分に短縮され、また、戸籍上親族がいると介護ヘルパーが使えなくなりました。親族がいても、実質一人暮らしをしている人が、どうしてもヘルパーを必要とする場合は高い費用を支払わなければいけません。ひどい話しです。不当な扱いだと市区町村に申し入れると、法改正は国でやっていることだからと言われ、改正前と改正後の相違を市区町村に指摘しても取り合ってはくれません。介護保険利用者は老人で組織力もなく、利用者が団結して改善運動をすることもできません。

少なくとも障害者団体はなんとかしようと思えば可能性はあるものです。若者は昼間働かなければなりませんから集会に来られません。そこで高齢の障害者がそれをカバーし、団体を維持していかなければ自分たち自身が困ることになります。

5　趣味的社会参加

市区町村の広報誌に、無料や安価な音楽会その他の楽しめる行事が載っています。あるいは、最近各地にできているホールなどに電話で聞くと、安いイベントを教えてくれます。東京の盲人会のイベントでは、歌謡ショーやクラシックの音楽会、タンデム自転車などがあります。

地域の老人会に行くのもおもしろいです。最初は違和感もありますが、健常者が視覚障害者とのコミュニケーションに慣れれば仲良くできます。バリアは両方にあることを自覚する必要があります。老人会にもいろいろなクラブ、たとえばコーラス、ダンス、俳句、川柳、短歌、詩、民謡、童謡、茶道、華道、ハイキング、登山などがあって、市区町村の高齢者福祉課に尋ねると手がかりが得られます。

旅行案内所で安いペンションや民宿をしっこく探してみるのもいいですし、市区町村役場と提携している保養所、簡易保険や公務員共済組合の保養所なども検討の対象にすると良いです。

このごろは美術館や博物館でも触れるものがありますから、全盲の場合触らせてもらうと良いです。公園や道端の花壇などにも触れる彫刻が増えています。

また、植物を触る趣味はどうでしょうか。香りだけでなく、花や葉の形、幹の手触りなど興味を持つとなかなかいいものです。芙蓉《ふよう》の一種のハイビスカスの花は花弁の真ん中に雌蕊《めしべ》がつんと立っています。幹の表面は縦の溝が多いですが、鈴掛の幹は横線が何段も入っています。ある熱帯植物の葉は袋状になっていて、虫が入ると閉まってしまいます。

植物とともに、たとえ名前はわからなくても小鳥のさえずりを聞いたり、風の音や感触を感じたり、場所によっていろいろに聞こえるせせらぎの音に耳を澄ませるのもおもしろいです。

俳句や短歌などのサークルに出たら、声を出します。しゃべりすぎないように気を付けながら、発言していくと、良い人間関係が構築できます。

6　人間関係

　人との交流は上手にやらないと損をします。あまり積極的でも嫌がられますし、消極的だと次第に仲間はずれにされる恐れがあります。周囲の空気を観察し、察知して行動する必要があります。できないことはできないとはっきり言い、やれる、やれそうなことは進んでやります。この辺りは個人差によります。

　そうした人付き合いの際、頭髪、化粧、衣服、履き物、バッグなどは、清潔でおしゃれっぽいものがいいです。とかく障害者は汚く見えるらしいです。汚いと、見える人は寄りつかなくなります。このことは老後に限らず若いときから注意を払うべきです。

支援法の補装具には義眼も入っていて、義眼を入れると見栄えがよくなる例もあります。

最近、高齢のカップルが増えてきたといわれています。夫妻とも高齢化したからというだけでなく、話し相手や茶飲み友達といった関係のカップルが仲良く行動するのです。筆者の女性の先輩で、独り者だった人が、老人ホームに入って適切な伴侶を見つけ、幸せな晩年を過ごした例があります。配偶者を失った者が後添いというのでなく、愛し合える相手を捜し当てることも多くなっているといいます。

家族関係は、少々は無理なことも高齢者が折れ、若い者に従うことも大切です。

7　死

よく、七十代になると自分が死に近づいた感じがし、八十代になると死が自分に近づいてきた感じがするといいます。「死」は生物にとって避けられないことですから、そのときはそのまま受け入れざるを得ません。しかし、自然死でなく、自殺は決してしてはなりません。それは信仰かもしれませんが、生命を得た以上、最後まで全うすべきものだと考えます。

健康な老後を目指して

―視覚障害者のために―

森　博愛

Ⅰ　はしがき

二〇〇七年の我が国の平均寿命は女性八五・九九歳、男性七九・一九歳で、何れも二年続けて過去最高を更新しています。このような高齢化社会では、青壮年期の人々も老年期をどのように過ごすかを真剣に考えておかなくてはなりません。その際、最も大切なことは健康問題です。

健康は視覚障害の有無にかかわらず、総ての人々に共通した重要課題ですが、視覚障害者の方々が特に留意するべき点もあります。このような視点からライフスタイルの改善が老後の健康保持に重要な影響を与える生活習慣病に重点を置いて、その危険因子と予防について述べたいと思います。

2　生活習慣病、メタボリックシンドローム

食事、運動、休養、喫煙、飲酒などの生活習慣が、発症・進行に関係する病気を生活習慣病と呼びます（**表1**）。

これらのうち、肥満、高血圧、脂質異常症、糖尿病などは、一見、無関係に見えますが、実はその発症・進展は互いに密接に関連し、最近、メタボリックシンドローム（内臓脂肪症候群）として広く注目されるようになりました。

メタボリックシンドロームの診断基準は次の如くです。

①ウエスト周囲径増大：男性八十五センチメートル以上、女性九十センチメートル以上

②高血圧：一三〇／八五mmgh以上（何れか）
③糖尿病：空腹時血糖一一〇mg／dl以上
④脂質異常症（下記の何れか）：a．中性脂肪一五〇mg／dl以上、b．HDLコレステロール四〇mg／dl未満、c．LDLコレステロール一四〇mg／dl以上
判定：①＋②〜④のうちの二項目該当すれば陽性と判定します。

表1　生活習慣病

食習慣	肥満症	糖尿病	脂質異常症	高尿酸血症（痛風）
	虚血性心臓病（心筋梗塞、狭心症）			高血圧症
	大腸癌	歯周病		
運動習慣	糖尿病	肥満症	脂質異常症	高血圧症
喫煙習慣	肺扁平上皮癌	喉頭癌	口腔癌	胃癌
	慢性気管支炎	肺気腫	虚血性心臓病	歯周病
飲酒習慣	アルコール性肝障害		慢性膵炎	

3　肥満

(1)BMIと減量目標

肥満の評価には次の式により求めたBMI(ビーエムアイ、体格指数)を用います。

BMI=体重(キログラム)÷身長(メートル)÷身長(メートル)

理想的BMI値は二十二で、標準体重は次の式により求めます。

標準体重(キログラム)=身長(メートル)×身長(メートル)×二十二

BMIの正常範囲は一八・六~二四・九で、一八・五以下を「やせ」二五・〇以上を「肥満」と診断します。

（2）減量方法

標準体重維持が理想的ですが、日本肥満学会は達成可能な減量目標として、現在の体重の五％（三～五kg）を三～六ヵ月以内に減量する方法を勧めています。

体重調節には食事と運動が大切です。BMIに応じた減量目標と摂取カロリー量は次の如くです。

①BMIが二十五～三十の場合：現在体重の五％減を目標とし、摂取カロリー量は一日あたり千二百～千五百キロカロリーとします。

②BMIが三十以上の場合：減量目標を現在体重の五～一〇％減とし、摂取カロリー量は一日あたり千～千四百キロカロリーとします。

①②何れの場合も各種栄養素の必要量は下記の如くです。

a．蛋白質：一日あたり標準体重×一・〇～一・二グラム。

b. 脂　肪…一日あたり二〇g以上で、その中に必須脂肪酸を確保しなければなりません。

c. 糖　質…一日あたり百g以上。

d. ビタミン、ミネラルの必要量。

(3)運動

ラジオ体操、散歩、ジョギング、自転車、水泳などの有酸素運動を一日二十分以上、週三回以上行うようにします。運動強度は、五十歳以下の年齢層では脈拍数が毎分百二十前後、六十〜七十歳代では毎分百前後になる程度で、少し汗ばむような運動量が勧められます。

4　脂質異常症

次の三項目の内、何れか一項目があれば脂質異常症と診断します。
①中性脂肪：一五〇mg／dl以上
②ＨＤＬコレステロール：四〇mg／dl未満
③ＬＤＬコレステロール：一四〇mg／dl以上
脂質異常症への対策は次の如くです。
①高中性脂肪血症：糖質（ことに蔗糖）の制限、総カロリー摂取量の制限、運動、標準体重維持が必要です。
②低ＨＤＬコレステロール血症：高中性脂肪血症の正常化、運動、禁煙が必要です。

③高ＬＤＬコレステロール血症：コレステロールが多い食品を摂り過ぎないようにします。色々な食品のコレステロール含量については、「出浦《いでうら》照國《てるくに》監修：食事管理のための日常食品成分表。医歯薬出版」を参考にして下さい。

5　高血圧症

日本高血圧学会が定めた「成人における血圧値の分類」では、至適血圧（理想的な血圧）を一二〇／八〇mmhg未満、正常血圧を一三〇／八五mmhg未満、一三〇〜一三九／八五〜八九mmhg（何れか）を正常高値血圧と分類しています。

正常高値血圧および高血圧の方は、まずライフスタイルの改善を図り、それでも血圧が下がらない場合は降圧薬の内服が必要です。

①食塩制限：一日あたり六グラム未満

②野菜、果物を積極的に摂り、コレステロール、飽和脂肪酸の摂取を控える（糖尿病例では果物の過量摂取を避ける）

③適正体重（BMI二十五未満）の維持
④運動：有酸素運動を一日三十分以上
⑤アルコール制限：男性ではエタノール一日あたり二〇～三〇ml以下、女性では一日あたり一〇～二〇ml以下
⑥禁煙

高血圧の方は、上腕にマンシェットを巻く型の電子血圧計を購入し、起床後、午前十時頃、午後四時頃、午後九時頃の四回、血圧を測定し、自分の血圧の特徴を知り、週に二～三回、血圧が高い時間帯での血圧を測って記録しておくことが必要です。

血圧を下げる目標は、高齢者では一四〇／九〇mmHg未満、若年・中年者では一三〇／八五mmHg未満、糖尿病または腎障害がある人は一三〇／八〇mmHg未満にすることが推奨されています。

6　糖尿病（耐糖能異常）

(一)糖尿病の分類とコントロール

糖尿病は七十五グラムブドウ糖負荷試験成績により、正常型、境界型および糖尿病型に分類されています。糖尿病の多くは体質的な病気で、完全に治るということはありませんから、良いコントロールを保つことを目標とします。**表2**に糖尿病コントロールの目標値を示します。

ＨｂＡ一ｃ（ヘモグロビンエーワンシー）というのは、ブドウ糖と結合したヘモグロビン（血色素、Ｈｂ）のことで、最近一〜二ヵ月間の平均的な血糖レベルを反映しますから、糖尿病の経過を見る上で非常に大切な指標です（正常は四・三〜五・八％）。

ＨｂＡ－ｃが六・五％以下であれば網膜症、腎症、神経症などの糖尿病の合併症の発生を防ぐことが出来ますが、このレベルでは動脈硬化の予防には不十分ですから、心筋梗塞、脳梗塞などの動脈硬化の予防のためにはこの値を正常レベルに保つことが必要です。

糖尿病の治療法には、食事、運動、薬剤内服、インスリン注射があります。境界型あるいは軽症糖尿病では、食事療法と運動療法でコントロールできる例が多いのですが、これらで十分コントロール出来ない場合には糖尿病薬の内服あるいはインスリン注射が必要となります。治療によりＨｂＡ－ｃが一％低下すると心筋梗塞は一八％、脳卒中は一五％減少すると言われています。

表2　血糖コントロール指標と評価

指標	優	良	可		不可
			不十分	不良	
HbA1c (%)	5.8 未満	5.8～6.5 未満	6.5～7.0 未満	7.0～8.0 未満	8.0 以上
空腹時血糖値 (mg/dl)	80～110 未満	110～130 未満	130～160 未満		160 以上
食後2時間血糖値 (mg/dl)	80～140 未満	140～180 未満	180～220 未満		220 以上

（日本糖尿病学会糖尿病治療ガイド2008～2009、文光堂、東京、2008）

(2)食事療法と運動療法

食事の摂りすぎに注意することが大切で、標準体重一kgあたりの一日摂取カロリー量を次の如く制限することが必要です。

①軽労作（デスクワーク、主婦）：二五～三〇kcal／kg

②通常労作（立ち仕事）：三〇～三五kcal／kg

③重労作（力仕事）：三五kcal／kg以上

糖尿病食事療法のその他の注意点は次の如くです。①腹八分目、②食品の種類を多く摂る、③脂肪は控えめ、④食物繊維を多く摂る（野菜、海藻、きのこ等）、⑤三食を規則正しく、⑥ゆっくり、よく噛む。

運動は糖尿病の治療にも大切で、歩行運動は一回十五〜三十分、一日二回、一日運動量の目標としては一万歩程度が適当で、少なくとも週三日以上行う事が勧められています。

7　骨粗鬆症

(一)骨粗鬆症とは

骨強度が低下して骨折の危険が高まった状態を骨粗鬆症といいます。骨強度の七〇％は骨ミネラル量（骨塩）で表現されますが、残り三〇％は骨質に依存しています。骨ミネラルとは、骨中に含まれるカルシウム（ca）やリン（p）などのミネラルの総称で、骨密度として測され、骨粗鬆症の診断に用いられています。

骨ミネラル量は、男女とも二十歳代が最大で、加齢と共に減少し、ことに女性では閉経期（四十五～五十五歳）に入ると急速に減少します。有病率は、七十歳代後半の男性では二〇％、女性では五〇％が骨粗鬆症にかかっています。骨粗鬆症がありますと大腿骨頸部骨折、脊椎圧迫骨折などが起こり易くなります。高齢者では骨折をきっかけとして、寝たきりになる例が多く、死亡率も高いので、骨粗鬆症の予防と治療は大切な問題です。

(2)骨粗鬆症と骨折の予防

成長期（女性では初潮前から）に適正な栄養と十分なカルシウムを摂取し、運動を行って、体内に十分なミネラル量を確保しておきますと、高齢になってからの骨密度の低下を遅らせて骨折の頻度を減らすことができます。一般にカルシウムの必要量は一日あたり六〇〇mgとされていますが、小児期・思春期には一日あたり九〇〇mg以上のカルシウムを摂ることが必要です。

骨粗鬆症の検診を受けて、自分の骨量を知っておくことは、骨粗鬆症の早期発見、ひいては骨折予防のために必要なことです。

転倒は高齢者の骨折の誘因となります。転倒の危険因子としては、①転倒の病歴、②歩行能力、③薬剤服用などがあげられます。転倒予防のために、高齢者では運動による筋力増強、バランス訓練、歩行訓練、柔軟訓練などが必要です。

高齢者では安定剤、睡眠薬、向精神薬などのふらつきを起こす作用がある薬剤を飲んでいる人が多いため、自分が現在飲んでいる薬の特性を知っておくことが必要です。転倒しやすい人は、大腿骨頸部骨折予防のためにヒッププロテクターを用いる場合もあります。

8　認知症（痴呆）

痴呆は種々の原因で起こりますが、最も多いのは脳血管性痴呆とアルツハイマー病です。男性では脳血管性痴呆が全痴呆の五四％、アルツハイマー病が二一％を占め、女性では前者が三五％、後者が三八・七％で、残りがほかの原因による痴呆です。

(一)脳血管性痴呆の危険因子と予防

脳血管性痴呆は、脳梗塞、脳出血などのために脳組織が広範に障害されることにより起こります。

脳出血予防のためには高血圧の予防と治療が重要です。脳梗塞の危険因子には、高血圧、糖尿病、脂質異常症、喫煙、肥満、アルコール過飲、心房細動、ヘマトクリット高値、高尿酸血症、頚動脈・大動脈の動脈硬化、無症候性脳梗塞などがあります。

脳ドックでＭＲＩ検査を受けると、本人が全く自覚しない脳梗塞（無自覚性脳梗塞）が一三％前後に見つかります。無自覚性脳梗塞がある群では、無い群に比べて症候性脳梗塞の発症率が十倍ほど高く、二年間に六％程度の人が発症します。

脳血管障害性痴呆の予防には脳出血と脳梗塞の危険因子除去を図ることが大切です。心房細動という不整脈がある人は、専門医を受診して適切な指導を受けることが大切です。

(2)アルツハイマー病の危険因子と予防

アルツハイマー病の主な危険因子としては、①加齢、②近親者の発症、③女性、④頭部外傷（転倒、衝突など）、⑤アルミニウム、⑥不活発な生活、⑦生活環境の大きな変化、⑧喫煙などがあります。

その他、抗酸化作用を持つビタミンC、ビタミンE、ベータカロチン、フラボノイドなどの不足も本症の発病に関係があるとの考えもありますから、これらを多く含んだ食品をとることも必要です。フラボノイド、ベータカロチンを多く含んだ食品を**表3**に示します。

また、過度の飲酒の禁止、高血圧・糖尿病の予防・治療、バランスが取れた食事の規則正しい摂取、ラジオなどをよく聞き、対外的活動を心がけ、精神的および肉体的に活性ある生活を送るように心がけることもアルツハイマー病の予防に大切です。

表３　痴呆予防効果のある抗酸化物質を多く含む食品

栄　養　素	含　ま　れ　る　食　品
ベータカロチン	ケール、にんじん、ブロッコリー、ほうれんう
フラボノイド	イチョウ葉エキス、緑茶、紅茶、豆類
ビタミンC	かんきつ類の果物、キウイ、植物の芽、ブロッコリー、キャベツ
ビタミンE	穀類、木の実、ミルク、卵黄

（保田稔：痴呆ー抗加齢療法。臨床と研究 80(10):1801, 2003）

9　むすび

「ローマは一日にして成らず」という諺がありますが、老後の健康な生活も、高齢になってからでは時期的に遅く、今日、ただいまから老後の健康を志向した合理的な生活を行うことが必要です。

加齢に伴う身体機能と精神面の変化およびその対策

―東洋医学的立場から―

坂井　友実

安野　富美子

Ⅰ　はじめに

我が国における人口の高齢化は、欧米諸国がかつて経験したことのない速さで進んでおり、二〇一五年には四人に一人が六十五歳以上の高齢者となることが予測されている。視覚障害者においても高齢化が進み、六十五歳以上が全体の六〇％以上となっている（厚生労働省「身体障害児・者実態調査」平成十八年）。

成人期から老年期へ、人が年齢を重ねる道のりは一人一人異なっているが、毎日を楽しく、生き甲斐を持って生活し、健やかに老いることは、多くの人々にとって身近で重要な課題である。

老年期では、心身の状態は成人期とは多くの点で異なっており、その差は小児との差より大きいといわれている。また、高齢者は一人で多くの疾患を持っており、これらの疾患には慢性のものが多く、治癒しにくい。これらのことから、高齢者医療においては、現代西洋医学のみでは、対処できないことも多い。

東洋医学は、養生医学と治療医学の二重構造である。前者の目的は、生体の恒常性や生体防御を増強し、健康維持増進を図り、疾病予防を図ることであり、後者は疾病や症状の改善を図り、ＱＯＬ（生活や生命の質）を向上させるところにある。しかもその視点は常に全人的であることから、高齢者の健康寿命を伸延する上で、またＱＯＬの向上を図るうえでも適した医学であり、老年医療の分野では、その有用性が期待されている。

本稿では、我が国の高齢者および高齢視覚障害者の現況と、加齢に伴う身体機能と精神面の変化、および、健康を保つための対策について、東洋医学（特に鍼灸）の立場から述べる。

2　我が国の高齢者および高齢視覚障害者の現況

戦前は、人生五十年と言われていた。当時の平均寿命をみると、昭和十年の時点では、男性四十七歳、女性五十歳であった。それが現在（二〇〇六年の調査）では、男性七九・〇歳（世界三位）、女性八五・八歳（世界一位）で、女性は二十年以上世界一を続けている。そして、二〇五五年には、男性八三・七歳、女性九〇・三歳となり、女性の平均寿命は九十歳を超えると予想されている。

高齢者を六十五歳以上とすると、人口に占める高齢者の割合は、欧米諸国ではイタリアが一九・二%、ドイツが一八・〇%、フランスが一六・二%、イギリスが一六・〇%であるのに対して、日本は二〇・〇%と最も高い水準となっている。

一般的に高齢者人口が全人口の七%になると「高齢化社会」とよび、一四%以上になると「高齢社会」と呼ぶ。この高齢化社会から高齢社会への移行期間を欧米諸国と比較してみると、ドイツが四十年、イギリスが四十七年、イタリアが六十一年、アメリカが七十年かかっており、スウェーデンでは八十五年、フランスでは実に百十五年もかかっている。これらに対して、日本は一九七〇年に「高齢化社会」の仲間入りをし、一九九四年には「高齢社会」に突入している。実に二十四年という超スピードである。

いずれにしても高齢者の割合は、今後も上昇を続け、平成二十七年には二六・〇%になると見込まれている。このように、日本における高齢化は世界に類をみないスピードで進んでいる。

一方、六十五歳以上の視覚障害者の割合は、全体（十八歳以上の視覚障害者三十一万人）の六〇％となっている。詳細にみると、四十歳代が七％、五十歳代が一五％、六十〜六十四歳が十一％、六十五〜六十九歳が一一％、七十歳以上が四九％であり、視覚障害者の高齢化は一般社会以上に進んでいる。この理由としては、視覚障害の発生時期が中年期以降（四十歳代から）の発生が多いことによると思われる。

3　老化と身体機能および精神面の変化

(一)老化および老化の特徴について

個体は成熟した後、時間の経過と共に、徐々に生体の機能が失われ、やがて恒常性維持機能（ホメオスターシス）が低下して、死に至る。この過程を「老化」と言い、この過程で現れる心身の変化を「加齢」または「老化現象」という。

「老化」には四つの特徴があるとされている。第一は普遍性で、誰でも起こる変化で、避けることが出来ないということ。第二は内在性で、老化は予め遺伝的にプログラムされているということ。第三は進行性で、遅速はあるものの、時間の経過と共に常に進行するということ。第四は有害性で、様々な身体機能が障害されて、人が生きていく上で、有害な変化であるということである。

また、老化には「生理的老化」と「病的老化」がある。生理的老化は、二十歳くらいからすべて（健康人でも）の人にゆっくりと起こるもので、不可逆なものである。この生理的老化に対する対応としては、日常生活での摂生、すなわち「養生」が大切である。一方、病的老化は、年齢にかかわらず起こるもので、可逆的である。いわゆる病気であり、進行は早く、老年病の治療が必要である。

(2) 加齢に伴う変化

A. 身体機能の変化

加齢に伴い全身の多くの臓器の機能が低下するが、個体差が極めて大きい。成人に比べ生体の恒常性維持機能が低下しており、そのため身体機能の変化が起こりやすくなる。以下、代表的な身体機能の変化について紹介する。

①心・血管系

動脈硬化が進行し、血管弾性が低下する。血管壁が肥厚し、末梢血管抵抗が増加するために、高血圧や不整脈、心筋梗塞、脳梗塞をおこしやすくなる。また、心拍出量が低下し、心臓が肥大し、ストレスに対する反応が低下してくるようになる。

②呼吸器・消化器・腎・泌尿器系

呼吸器系では、肺炎を起こしやすくなる。消化器系では、消化機能の低下、蠕動運動（口から入ってきた食べ物を肛門まで運搬する運動）の低下により便秘がおきやすくなる。腎・泌尿器系では、腎臓の排泄機能が低下し、残尿、頻尿、尿失禁などが多くなり、尿路感染を起こしやすくなる。

③筋・骨格系

骨に含まれるカルシウム、コラーゲンの減少、骨量の減少により、骨粗鬆症になりやすくなり、骨折が増大する。神経・筋機能・運動機能が低下し、関節の可動性の低下、運動神経の鈍化、瞬発力、敏捷性の低下により、転倒しやすくなる。

④感覚器系

視覚・聴覚機能が低下し、白内障、難聴傾向となる（高音域が聞きづらくなる）。

なお、身体機能の変化では、特に高齢視覚障害者が気をつけておかなければならない点は、一般の高齢者以上に、転倒が多くなるということである。

B. 精神的変化

加齢とともに、知的機能、人格、感情に変化が現れる。知的機能は男性では二十五歳～三十五歳、女性では二十歳～二十五歳をピークに徐々に低下する。特に計算、知覚、空間認知、記憶推理などが中年から老年にかけて低下する。

これらの知的機能の低下が生理的な低下であるのか、アルツハイマー型老年期痴呆などの病的な低下であるのか、その識別が問題となる。また高齢者では、環境の変化により知的機能の低下が著明となることが多い。

知的機能の変化とともに人格の変化は「拡大型」「反動型」「円熟型」の三つの型に分けられる。すなわち、「拡大型」は生来の人格が加齢とともに益々はっきり現れる型、「反動型」は生来の人格と反対の方向に変化する型、「円熟型」は全体の調和がとれ、円満となる型である。

一般的に、加齢に伴い自己中心、猜疑心が強く、保守的、心気的（実際には病気でないのに病気ではないかと恐れる状態）になる人が多いといわれている。高齢者では老化に伴う健康度の低下、経済的自立の困難、家族、社会での人間関係の疎遠、生活目標の喪失などから、不安、抑うつ状態などに陥りやすくなる。

老年期にみられるうつ状態は反応性抑うつが多く、その多くは身体的または社会的要因によるものである。高齢者では自己の身体に対して過度の心配をする人が多い。外部への関心を自己に向け、疾病へ逃避する人も多い。日常生活の大部分が自己の心身状態への関心で占められることがしばしばある。また、視覚障害の発生時期は、中年期以降（四十歳代から）の発生が多い。発生原因は、糖尿病性網膜症、緑内障、網膜色素変性症などの疾患によるもの、続いて交通事故などの事故による障害である。障害者にとっては、どの時期に障害を発生したか、その原因は何であるかにより、精神的及び日常生活にあたえる影響が大きい。とくに、中年期以降に多い糖尿病や緑内障などで徐々に視覚を失った場合は、将来への不安などから、うつ状態になりやすい。

(3)高齢者疾患の特徴

高齢者にみられる疾患（老人病）には、成人期にみられる疾患と比べ、次のようないくつかの共通した特徴があげられている。

①急性より慢性の疾患が多い。

②一人で複数の疾患を持つことが多い。

③症状が出にくい。例えば肺炎を起こしていても熱が高くならないなどである。

④症状や経過が非定形的である。

⑤個人差が大きい。

⑥副作用が出やすい。

⑦入院しても全治は難しく、入院すると院内感染など新たな疾病を発症しやすい。

⑧精神的、社会的因子（特に家族の関与）が大きい。

⑨過度の安静や持続的な臥床が、不利な状態を引き起こし長期化させることから、早期リハビリテーションの必要性が高い。

⑩俊敏性や反射的運動能力が低下するため転倒しやすく、また軽い転倒で骨折しやすい。

⑪免疫能や恒常性維持（ホメオスターシス）の低下があり、疾患の回復に時間がかかる。
⑫予後が社会的、家庭環境に大きく影響される。
⑬運動負荷が困難であるなど、検査が行いにくい。
以上のような高齢者疾患の特徴から、高齢者医療の分野では、「ケアを基本とした医療」「人にやさしい医療」「辛抱する心をもたせてあげる医療」「自立を助ける医療」を中核とした全人的医療を実践することが求められている。

また、治療にあたっては、西洋医学的手法と東洋医学的手法を統合し、患者を一人の人間として扱い、その患者に最も相応しい医療を実践することが求められている。

4　現代医学と東洋医学

抗生物質の開発による細菌感染症の制圧、外科手術の飛躍的進歩により、現代医学は急速な進歩を続けてきた。特に戦後は抗生物質や新薬など速効性のある薬物が開発され、それまで不治の病であった結核や感染症が治療できるようになり、激減した。

そして、感染症とバトンタッチするかたちで増えてきたのが、癌、糖尿病、高血圧、動脈硬化などの生活習慣病である。加えて現代医学的には治療法のはっきりしない慢性疾患や難病、自覚症状があっても検査で異常値が見られないもの、ストレスが原因の「心身症」など、いままでにはみられなかった病気が次々と登場するようになった。

西洋医学は近代医学として急速な発達を遂げてきたが、東洋医学は二千年以上の歴史を持つ伝統医学である。西洋医学が極めて分析的で客観的であるのに対して、東洋医学は、総合的・全体的で主観的である。西洋医学が疾病の原因を明らかにするために他覚的所見を重視し、詳細な検査データを基にして病名を決定するのに対し、東洋医学では病苦を改善するために心身にわたる自覚的所見を重視し、個人の体質を踏まえた個人にあった医療（テーラーメイド医療）を提供しようとする。すなわち全人的医療の実践である。具体的には、患者の自覚症状を重んじ、独特な診察法（四診法：望診・聞診・問診・切診）を通して「証《しょう》」を決定することである。「証」の決定は、そのまま治療に直結する。

西洋医学では、病気そのものに的を絞って治療をするが、東洋医学では、全身のバランスを調えることによって身体が本来もつ抵抗力などを高めて病気を治療する。この点が西洋医学と東洋医学の違いである。

また、東洋医学の場合、鼻や目など身体のどこか一部分の病気でも、部分だけを治療することはなく、全身から異常や原因を診て治療方針を立てる。薬もその人の体質、体力、病気の状態によって使い分ける。

5　高齢者疾患の特徴と東洋医学の特徴

ここで、高齢者疾患の特徴と東洋医学の特徴を挙げてみると（表１）、多くの点で東洋医学は高齢者医療に適していることが浮び上がってくる。高齢者疾患では個人差が大きいという特徴があるが、現代西洋医学では個人差というのをあまり考慮にいれない。その点、東洋医学では、個人の体力や体調に応じた治療をするところに大きな特徴がある。また、現代西洋医学では、診断がついたとしても治療方法が確立されていないことが多いのに対して、東洋医学では診察過程がそのまま治療方針を導き出す仕組みをとっていることから、治療はどんな場合にでも提示できる。それは疾患を治すことよりも病苦の改善を図ることに主眼がおかれているからである。

一般的にいえば、高齢者疾患は老化を起因としていることから、治らない、治りにくい疾患である。そのために治癒を目的とするよりは、苦痛を緩和し、自立を支援することがより重要になる。加えて高齢者では免疫機能が低下していることから、治療上、その点の配慮が必要である。幸いに鍼灸治療には、免疫能を賦活《ふかつ》し、生体防御力を強めることが期待できる。東洋医学のメリットのひとつと言っていいであろう。

さらに高齢者では、慢性の疾患が多く、しかも生体機能の低下がみられることから、副作用の少ない治療法が求められる。その点、非薬物療法である鍼灸治療は副作用も極めて少なく、安全性が高いことから長期的な治療にも適している、また高齢者では、一人で複数の疾患を持っている。西洋医学では、それぞれの疾患に対して薬の処方がなされるので、多剤の長期連用となりやすく、副作用の発現が高くなる。これに対し、東洋医学では疾患ごとの治療ではなく、証に基づいて治療を行う。すなわち患者を全体として捉えて治療するため、薬（漢方薬）の種類も少なく、鍼灸治療においても比較的シンプルに対応できる。

しかしながら東洋医学にも限界はある。感染症などの対応には現代西洋医学が適切である。いずれにしても両者の利点を活かした治療が高齢者には適切な医療といえよう。すなわち東西医学を中核とした統合医療を広めていく必要があると考える。

表１　高齢者疾患の特徴と東洋医学の特徴

高齢者疾患の特徴	東洋（鍼灸）医学の特徴
①個人差が大きい ②自覚症状があるが診断がつかないことが多い ③免疫能が低下している ④慢性で治癒しにくい ⑤副作用が起こりやすい ⑥腰痛・膝痛など、運動器疾患による症状が多い	①個々の患者に応じた治療を行う ②診断名が確定しなくても症状に応じて治療が可能 ③生体の防御力を高める。 ④生体に与える侵襲が少なく、手軽で簡便な治療法である* ⑤副作用が少ない ⑥運動器疾患・疼痛性疾患に効果が高い*

＊は、特に鍼灸の特徴

6　健康を保つための対策として

東洋医学である漢方と鍼灸のどちらも身体がもつ自然治癒力を引き出し、病気を未然に防ぐ効果があり、科学的にも証明されてきた。慢性疾患では両者を組み合わせて治療を行うこともあるが、ここでは、鍼灸治療について紹介する。

鍼灸治療は、経穴（ツボ：人体の特定の治療点）に鍼（物理的刺激）や灸（温熱的刺激）を用いて刺激を与えることにより、病気の治療や予防のみならず、健康を保ち、より健康になることを目的とする治療法である。

鍼灸治療は、中国で二千年以上前に、独特の理論体系が確立され、経験医術として今日に至っている。日本には六世紀の半ばに伝えられ、その後日本人の体質にあうように工夫改善され、日本の伝統医療として発展してきた。現在では、中国、日本、韓国のみならず、補完・代替医療（現代医学以外の医療）の中心として、欧米先進国をはじめ、世界中に広まってきている。

また、鍼灸の効果については科学的に研究が進み、循環改善（血流をよくする）、筋緊張の緩和、免疫機能の賦活（身体の抵抗力を高める）、鎮痛、リラックス、自律神経機能の調整などの効果が明らかにされている。

現在、最も多く鍼灸治療を受けているのは腰痛患者である。次に肩こり、頸・肩・膝の痛みの順で、運動器疾患に伴う疼痛が中心になっている。痛みは、それが軽快すれば、治療が有効であったことを示している。

鍼灸治療に訪れる患者の大部分が痛みを主体とした疾患であるということは、鍼灸が痛みの治療に有効だということの裏付けともいえる。

また、ストレスがたまっている、慢性的に疲れている、頸や肩がこり、頭痛がする、ぐっすり眠れず朝おきてもすっきりしない、食欲がなく胃のあたりが重い、症状はあるが、検査では異常がみつからない、などの不定愁訴も鍼灸治療が得意とする分野である。

現在、明らかにされている鍼灸の作用機序からも、末梢循環障害や疼痛性疾患、自律神経機能異常による症状などに対して鍼灸は効果的である。

鍼灸治療が得意とする疾患や症状を**表2**に示す。この中には、効果発現のメカニズムがはっきりしないものの、臨床経験に基づいて鍼灸が得意とするものも含まれている。

表２　鍼灸の治療対象となる病気

運動器系	変形性関節症・リウマチ様関節炎・頚椎症・腰痛・肩こり・変形性脊椎症・脊柱管狭窄症・骨粗鬆症など
消化器系	慢性胃炎・食欲不振・神経性消化不良・便秘・下痢など
呼吸器系	鼻炎・感冒・気管支喘息・慢性閉塞性肺疾患など
神　経　系	頭痛・神経痛・脳血管障害後遺症・顔面神経麻痺・帯状疱疹など
循環器系	本態性高血圧症・閉塞性動脈硬化症などに伴う症状・冷え症など
泌尿器系	慢性膀胱炎・尿失禁・前立腺肥大による排尿障害など
婦人科系	月経困難症・更年期障害・不妊症・逆子など
そ　の　他	肥満・アレルギー性疾患・うつ状態・ストレス緩和・不眠など

7　おわりに

高齢者の心身や疾患の特徴を考えた場合、東洋医学は養生（病気の予防）、そして病気の治療や、症状の緩和などの治療手段の一つになり得ると考えられる。大事なことは、東洋医学の利点と限界をよくわきまえ、現代西洋医学とうまく使いあわせて、こころとからだの健康の維持および向上を目指すよう努力することである。

高齢化社会を向かえ、一人一人に対応した治療が求められている。東洋医学の治療法を取り入れることで様々な疾患への効果が期待されている。

座談会の記録

二〇〇八年八月

〈司会〉本日は大変お忙しい中お集まりいただきまして、どうもありがとうございます。これより、「視覚障害者の老後に備えて」をテーマに、座談会を開かせていただきます。内容は、宝くじ協会の補助事業による刊行物に収めさせて頂くことになりますので、よろしくお願いします。

まず、桜雲会理事長より挨拶がございます。

〈理事長〉皆さま、本日はありがとうございます。

先ほど司会が申しましたように、「視覚障害者の老後に備えて」をテーマとした本を作り、全国に無料配布したいと考えております。

高齢化社会といわれる現在、視覚障害者の寿命も延びています。厚生労働省の統計によれば、視覚障害者のうち六十歳以上の人が七〇％以上を占めています。これは、以前読んだことのある話しですが、東京盲学校の町田校長が赴任した当時（一九一〇年）、盲学生、あるいは卒業生の寿命が非常に短く、また体が弱いということで、それまで無かった体育を授業に取り入れたそうです。我々の栄養状態が良くなって寿命が延びたのと同じように、視覚障害の皆さまの寿命も延びていると考えられます。厚生労働省の統計によりますと、女性の寿命が八五・九九歳、男性は七九・一九歳ということで、日本は世界でもトップクラスの平均寿命を保っている状態です。

そんな長寿の世界において、私たちはこれからの老後にどのように備えていったらいいのでしょうか。私などは年金で暮らすつもりでおりましたが、それも難しいような社会に変わりつつあります。そこで本日は、皆さま方からいろいろなお話をお聞かせいただければありがたく存じます。

お話しいただいた内容を基に編集する予定です。本日はご面倒をおかけしますが、よろしくお願いいたします。

〈**司会**〉本日の予定としまして、この後、簡単な自己紹介をはさみ、各先生方から十五分程度お話いただきたいと思います。心身機能、金銭問題、生活環境、社会活動など、もちろん先生方独自のことでも結構です。トップバッターにR先生、二番目にQ先生、三番目にP先生、四番目にS先生の順にお願いしたいと思います。

一　自己紹介

〈**司会**〉では、自己紹介に入らせていただきます。まず職員からはじめさせていただきます。

〈**職員A**〉桜雲会の職員のAと申します。年齢は二十代後半で、全盲です。

私は正直なところ、十年先までが精一杯で、自分が高齢になったときのことを考えるなど、全くできていません。今日は、人生の大先輩である先生方にお話を伺えることをとても楽しみにしています。よろしくお願いいたします。

〈**司会**〉本日の司会も務めます桜雲会職員のBと申します。改めてよろしくお願いいたします。では、S先生から順番にお願いいたします。

〈S先生〉Sと申します。

僕はR先生より確か四つ若いと思いますが、二人とも七十代です。盲学校の時間講師をしております。今は夏休み中ですが、学校へ行くようにしています。というのは、昨年の九月にプラットホームから落ちて腰を痛めてしまったので、夏休み中ぶらぶらしていたら九月になって学校に行けないんじゃないかと心配で、運動訓練を兼ねて学校に行っております。そんな状況です。

〈司会〉R先生、お願いいたします。

〈R先生〉Rといいます。七十七歳です。盲学校を出て開業し、点字図書館にも十二年ほど勤めました。今は按摩をしていますが自分の小遣いくらいで、月に三万程度にしかなりません。あとは、小さな会議にちょ

くちょく顔を出したり、小さな書き物をちょこちょこやったりしていま
す。だいたいその三つで、わりとのんきに暮らしています。今日もお呼
びいただきまして、知ってることなら話せるかなと思って来たんですよ。

〈司会〉 ありがとうございます。Q先生、お願いいたします。

〈Q先生〉 Qでございます。よろしくお願いします。

四年前に盲学校の教員を退職いたしました。その後は何が主かわかり
ませんが、日常的には患者さんの鍼治療が多いです。ほかに、鍼灸学校
の非常勤講師に週一回、ヘルスキーパーの指導に月二回行っております。
頼まれれば、点字の講習会などにも顔を出しますし、結構忙しく毎日を
送っております。よろしくお願いします。

〈司会〉 P先生お願いいたします。

〈P先生〉 Pです。よろしくお願いします。

盲学校の教員で自立活動を担当していましたが、昨年退職しました。今は自宅で、ほんとに小遣い程度の収入が入る、鍼きゅうマッサージの看板を掲げています。だいぶ時間があるものですから、「健康ふれあい塾」というものを六年ほど前に立ち上げまして、自分の趣味を謳歌しているという、そんな生活を送っています。

今日はいろんな話ができたらと思っています。よろしくお願いします。

〈司会〉 ありがとうございます。

2　講演

〈司会〉では、トップバッターのR先生、お願いいたします。

●言い換えられる日本語

〈R先生〉最初に、言葉について少し引っかかることから。最近、世の中では老人という言い方を高齢者と言い換えています。老人という言葉が、いわば何となくおぞましきものという受け取られ方になっている。それは、手垢が付いている。その手垢はいい意味の手垢ではないわけです。それを正視することがうっとうしいので、曖昧にはぐらかして、ごまかして、高齢者という言い方になる。また何年か経てば、高齢者という言い方もたぶん、うっすらとくっついてくる手垢―決していいものではない―がくっついて、次の呼び名が見つかるだろうと思います。

そんな日本語の持っているいい加減さに、私は非常に引っかかるわけです。たとえば、老いとか老人という言い方がなぜおかしいのか。高齢者と言い換えるのは、そもそも役所が言いだしたわけですが、そういう大きな世の中の流れに私はかなり引っかかるので、あえて、老いとか老人という言い方を意識的にしているのです。

とにかく、言葉に関して日本人は非常に無神経で大事にしない。たとえば、敗戦を終戦と言い換えたり、環境汚染を公害と言い換えたり。日本人には、言い換えることで問題を正視しなくて済ますという、よくない癖がある。これは一種の日本人の美意識にも関わることだと思いますが、言葉を大事にしない日本人の悪い癖だと私は思っています。

●老後の課題は「人生の総括」

言葉についてはもっとあれこれあるけど、このくらいにして、盲人と老人の問題というのは、厳密に言えば別なものだと思っているんですよ。老人問題というのはたしかにあり得る。人間としての老いをどう受け止めるかという基本的な課題があるわけです。それは、見える見えないに関係ない。年金問題とか運動問題とか体力問題とか、そういう個別的で実際的なことの手前に、自分の人生をどう総括するのかという、人間としての老いに直面したときにまずぶつかる問題があるはずなんです。だから、自分の人生をどう総括するかっていうことが、年寄りにとっては一番大事な課題だと私は思っています。

これは抽象論になるので、あんまり深入りしないことにして、健康のことに関しては、非常に個別な問題ですが、年をとってくると耳が遠くなる。私は昔、結核でストレプトマイシン（注　結核の治療に用いられる抗生物質で、副作用として難聴をきたすことがある）を打ったので、そのせいで難聴になりました。それから盲人はイヤホンを非常によく使う。何十年もイヤホンを使っていると、それ自身で難聴になっていってしまうんです。今、私は中等度の上くらいの難聴で、かなり暮らしにくい状況です。これは、盲人としても老人としても面倒くさいし、どっちにしても、私にとってはやっかいな問題です。耳が聞こえないと、歩くときは危ないので慎重になります。そういう意味でも、健康や体力面での衰えを痛切に感じています。

●二種類の「わからなさ」

次に財産管理についてですが、問題は二つあるんです。

一つは、たとえば銀行とか役所からたくさんの書類がきますね。ほかにも自分の家財とか財産に関する書類があるわけですが、書類の中身は分かっていて、たまたま数字がわからないということがあります。

もう一つは、書類の意味そのものが、もう最初からよく飲み込めない。役所から、あるいは銀行から来た書類が、なんだかよくわからない。機械的に読まれても全然わからない。それが、年寄り特有のわからなさです。私は、今まで読んでもらえばすぐに理解したものが、この頃はだんだん、わからなくなり始めているんですよ。

老人問題の延長線上にある、書類そのものの意味が飲み込みにくい「わからなさ」と、目が見えないために数字がわからないという「わからなさ」は違うんです。

登録番号とか受付番号とか原簿の番号とか、書類には大事な番号がいっぱい書いてあります。そういう番号が何を意味しているのかわからない、番号の書いてある枠組みの意味自体がわからない、そもそも何の手紙なのかよくわからないみたいなことが、老人の問題です。

これは必ずしも見える・見えないの問題ではない。晴眼の年寄りだって、書類を見てもわからない。そういう「わからなさ」と、しゃきしゃきの中年の盲人や、一切合切ものがわかったような人たちが、たまたま数字がわからないという意味の「わからなさ」とは、財産管理上かなり違いますよね。書類の中身までわかるように説明してもらうことと、数字だけ読んでもらえば済むことと、その区別だと思います。

●視覚障害者の住環境

日常生活では、たぶん建物についての問題が多いでしょう。昔、附属盲学校は廊下の突き当たりから外まで階段ではなかったんです。必ず直角に曲がってから階段が始まるようになっていて。あの盲学校を建てた偉い先生が、「盲人がまっすぐ歩いていてズドンと落っこちたら困る。階段は必ず廊下から九十度曲がってつけましょう」と言って配慮がなされたらしいですね。そういう配慮は、建物を造るときに必要だと思います。しかし、階段の手前の床材を少し張り替えれば、ある程度の区別はつくだろうと思いますけどね。

それと、窓ガラスは磨りガラスにする必要がある。そうしないと、本人が気づかないうちに外から見られてしまう危険性がある。プライバシーを守るためには、やっぱり磨りガラスにしないといけない。高層階なら心配はないでしょうが、窓ガラスは磨りガラスにしておかないと私としては不安な気がします。

●人生を充実させる、他者との関わり

そして、私が一番気になるのは社会活動。社会生活をどういうふうに膨らましていくか。人生の充実というのは、言ってみれば、他者と関わる中で成り立っているんですよ。他者との関わりが人生の充実に決定的な意味を持つわけです。大部分は職業を通して実現されますが、年をとれば、職業からはいい意味でも悪い意味でも解放される。そうすると、職業以外で人生の充実、つまり他者との関わりをどう保っていくかということが問題です。

たとえば、退職後もアルバイトをしてお金を稼ぐ。これは意味があります。お金というのは社会貢献のある種の目印ですからね。お金が稼げるということは、それだけ社会と関わっている、他者と関わっているということの証拠です。

しかし、私はボランティアがあると思うんですよ。ボランティアを通して社会とかかわる。これは別の言い方をすれば、いつまでも他人に必要とされる年寄りであるべきだということです。銭の問題を超えてね。相手が自分を求めている。それは、老人ホームでのおしゃべり相手だったり、乳児院でのおむつたたみだったり。とにかく、誰か他者に必要とされる人間であり続けるべきだと思います。それが、私はボランティア活動だと思います。

それから最後に、趣味。福祉の相談に行くと、相談員の人はだいたい「趣味を持ちなさい」という。だけど、趣味には非常に限界があるんです。趣味というのは、非常に自己完結的なんですよ。どんなに立派な作品を作ったって、それを見た周りの人は「お見事ですね」「上手ですね」というだけ。そこでおしまいなんですよ。他者と関わらないで済んでしまう。これが趣味の持っている限界です。趣味を教えるようになれば、それはまた別ですよ。教えるという形で他者と関わるんだから、それがボランティアであれ、賃金をもらうものであれ。教えるのはいいけれども、自分が趣味をやって楽しんでいる間は、自己完結的で、他者と関わるとっかかりにならない。だから、趣味には自ずから限界がある。その意味で私は、なんらかの形で他者と関わるための、ボランティアみたいなことを自分で見つけていくべきだと思います。

おおざっぱに申しあげて、今のところそんな具合です。

〈司会〉 貴重なお話しをありがとうございます。後ほど質問をさせていただきますので、よろしくお願いいたします。続きまして、Q先生、お願いいたします。

●老後の住まい

〈Q先生〉よろしくお願いします。

R先生は視覚障害について話されましたが、私は視覚障害のことはあまり考えていないもので、すみません。

最初に心身機能について。視覚障害は関係なく、患者さんの立場についてなら話せると思います。患者さんの心身の衰えということで言いますと、たとえば、七十歳を過ぎた方が、手術をして一日歩かなかったら、筋肉が萎縮するから一生懸命歩くようになったとおっしゃったりします。

また、八十歳を過ぎてうつ的になられる方、人間関係が減少する方、自分の将来を考え過ぎて自律神経の調子が悪くなる方、そんな方々にお目にかかることがあります。そのとき、私がいろいろ聞いて差し上げていることが、いずれは自分の問題になるのだと感じるんですね、実をいうと。

食べ物のことばかり気にしている方もいらっしゃいますし、今まで住まわれていた家を売り、その後ケアマンションに入るかどうかで迷う方もいらっしゃいます。一つ見て入居してはまた移る。それまでの環境と違うわけです。風があたりすぎるとか、一番多いのは、食事が合わないとか。

そういう施設への入居に望ましい時期があるのか、私自身もまだわからないんです。ただ、独身であること、誰でも一人になることを考えたら、最終的にはそういう施設に入ることが望ましいと思います。でも、自立できる間はできるだけ、ホームヘルパーさんや、いろんな友達関係、人間関係から援助を得て暮らし、身の回りのことができなくなったときに、施設に入ればいいのだと思います。年をとると、今までの友達は大事にしますが、新しい友達を作るのはとても大変なことなので、あまり早いうちに施設に入らないほうがいいかもしれません。ケアマンションに入った友達から、「バスが迎えにくるのよ」とか「食事も作らなくなっちゃったよ」という話しを聞くと、寂しいなと感じます。

●金銭管理

年金などの金銭問題については、よく父に「年をとったら必ずお金が必要なんだから貯金をしておきなさい」と言われ、今になって、それはとてもいいことだなと感じております。私は忙しく働いておりますし、年金もいただいていますから、旅行に行くことができます。生活には困っていなくても、お金はいくらあっても困ることはないと思います。

そのこととは別に、視覚障害者が年金の書類を扱ったり、銀行を利用したりするときの問題にちょっと触れてもよろしいでしょうか。私は、兄弟がおりますが一人暮らしなんですよ。それで、資産のことでは困ることがあるんです。

三十年近く、私の学校や個人的なことを手助けしてもらうボランティアさんがいらっしゃるんですが、その方も高齢なんですよ。いつ何があるかわからないけれど、銀行のことなど大事なことは、その方にお願いしているんです。つい最近、銀行に行きましたら、利子が高いからといって保険を勧められたんですよ。次に、その方と一緒に手続きに行きましたら、「ボランティアさんではだめです。ご親族でなければ」と厳しいことを言われたんです。でも私は、親族を頼る気はまだ無く、「なんとかしてください」と頑張ったんです。たまたま、ボランティアさんのご親戚がその銀行の偉い方だったこともあって、ＯＫしてもらったんです。

でも、その間四回くらい、ボランティアさんも私も足を運びました。時間がないものですから、別々に足を運んで許可がでました。そんなことがありました。本当に大変でした。

もう一つ、またお金の管理のことなんですが、私は貸金庫を借りています。以前はボタンの位置を覚えたり、貸金庫に点字の「め」の字を貼ったりすることで自分でもなんとか使えたんです。ところが、今はタッチパネルなので、私には全然わからなくて誰かの手を借りなければならないんですね。この間も銀行の人に、「タッチパネルの上に、点字を打った透明なタックペーパーを貼れば自分で操作できるんです」と言ってきたんですけど、そんなことが、一人だとこれから多々ありそうです。

たとえば遺言書を書くにしたって、私は税理士さんにお願いできますが、自分で作る方には大変なことになりますよね。資産については、これからの大きな課題です。私も一つ一つできるだけ頑張っていきたいと思っています。

●人との関わりは不可欠

社会活動の場合には、人との関わりはたくさんあればあるほどいいと思います。残念ながら、私は忙しくて趣味が持てない状況ですが、もっと若いときに持つべきだったと感じています。年をとってからではなく、忙しくても五十代くらいで趣味を持つと、続けられるんだなと、今、痛感しております。現在、私は友達づきあいする患者さんと、一緒に旅行したりして楽しんでいますが、趣味を持てば、また違った意味で人との関わりが持てたかもしれませんね。

先ほどR先生は、「働くことで人間関係を」ということを話されましたが、そういう形でも趣味は作れるでしょうし、ボランティアも自分なりにできることを実践できたらいいですね。

そのように、年をとるということはとても大変だと少しずつ感じています。繰り返しになりますが、一人で生活されてきた方が、いつ自立の道から離れていくか、そこの目度をつけるところが一番難しいのだろうと実感しています。

〈司会〉どうもありがとうございます。私も書類にサインを書く際に困ったことがありました。また後ほど質問をさせていただきたいと思います。

続きまして、P先生、お願いいたします。

●「健康ふれあい塾」の活動

〈P先生〉僕は話が下手なので、文章にまとめました。理事長さん、読んでいただけますか？　ここから話を進めていきたいと思っておりますので。

〈理事長〉では、代読させていただきます。

「今月のつぶやき　―体験の積み上げが勇気と自信をもたらす―」

老後に備えて。

突如出版社より「視覚障害者の老後に備えて」という内容に関する本の刊行に向けて座談会を行う旨の連絡があり、私にも出席の依頼があった。「老後に備えて」といわれても、私は還暦を過ぎ、前期高齢者の一人であり、目下老後進行中の身であるが…。

今、自分を振り返ってみると、学生時代は、勉強はともかく、生活の大半をスポーツや物作りの遊びに興じていたように思う。その時代に使っていたスポーツ用具や大工道具などが、家の中に散逸して残っている。最近は、時間的にもゆとりができ、当時の心境に帰り、ときおりそんな道具をおもちゃのごとく引っ張り出しては余暇を楽しむことがあるが、こうした過去の体験が、今、私にとって心身健康でいられることの秘訣であるのかもしれない。

六年ほど前、同じ趣味を持つ人たちとのふれあいや出会いを求めて、余暇を利用した活動を目指す「健康ふれあい塾」を開設した。主な活動は、地域の図書館との共催で、「宮城道雄《みやぎみちお》の世界を訪ねて」のテーマで朗読と琴の演奏会を企画したり、年齢を問わずに誰もが参加できる、生活に役立つ折り紙講習会などを開催。近所の公園では、毎朝ラジオ体操会などを行っている。また、近所に畑を借り、ジャガイモなどの野菜の収穫体験やお楽しみ会を行っている。

今後は、わらじ作りなど手作り作業を通じて、物作りの行事なども企画できれば良いと思い、公民館でのかごやわらじ作りの技術講習会に参加している。

「健康ふれあい塾便り」は、不定期ではあるが、町立の図書館のフリーペーパー・コーナーに置いてもらっているほか、治療院の患者さんや知人、サークルの人たちへ配布している。塾便りの発行は、私にとっては、自己を見つめる意味でも、また多くのことに目を向ける意味においても、生活への張りを持たせる大きな役割を果たしているのではないかと思っている。

〈P先生〉ありがとうございます。「健康ふれあい塾」を進めることが、今の自分の人生と思っているんです。

「老後に備えて」というテーマですが、僕は自分の老後というのを考えていないですね。その場その場で、自分に合った環境を求める。実は、退職の折りに改築をしたんです。息子や娘が家を出ましたので、広い家を小さくするというのが世の通例のようですが、逆に増築しました。僕は「趣味作りの部屋」と称しているんですが、居間続きに、自由に模様替えができる四畳程度の玄関付きの部屋を作りました。誰もが訪ねて来られるような憩いの場所です。資産活用といえば、そこが一つでしょうか。

●広がる趣味の世界

それから、自分が見えない世界に入るということを小さい頃から言われていたものですから、盲人が楽しめる趣味は何かと考えて、結局は音楽の世界だと思ったんですね。音楽は、年をとってからはなかなか難しいといわれるんですが、三十の手習いで尺八を習いました。その前は絵を描いたり鎌倉彫の彫刻をしたりして、造形を楽しんでいた時代があり、自分の趣味を広げるという意味で、若い時代は一生懸命でした。

四十代五十代になって、自分の健康を大事にしなければと思い、五十歳で市民マラソンに参加したんです。初めは五キロをやっと走るような体力でしたが、今はハーフも走ります。結構年をとってからでも、体力はつくものだと実感しています。六十歳を過ぎても、マラソンの記録が年々上がるんですね。そう思うと、心肺機能が正常であれば健康な人にも勧めたいと思います。

「健康ふれあい塾」もそういう趣旨で、「まずはみんなで動こうよ」とラジオ体操を始めました。

それから、同じ趣味の人を集めても人それぞれに違いがあります。違いながらも自分が参加できればと思い、公民館活動に行っています。それが自分の塾活動だと思っています。

秩父の奥の方に「緑の村」という施設があって、七十歳、八十歳の人たちが布きれを使ったわらじ作りの講習会を開いているんです。おかめ笹という笹を使ったかご作りの組織で「おかめ会」というんです。彼等は、「昔からの伝統技術を教えたい」という願いはもちろん、「教えることが老後のぼけ防止だ」「人と接して楽しく余暇が過ごせることが何よりだ」と言って、意気揚々と活動しているんです。そこへぽーんと入ったときに、「あ、自分の健康ふれあい塾の活動はここにあるんだ」と思ったんです。

何かしてあげるんじゃなくて、自分が進んで仲間を集めていく。そういうことが、これからどんどん必要なんじゃないかと。それが、今の社会でとても欠けているんですね。先ほどR先生が話されたように、趣味で終わってしまうと、できた作品も「ああよかったね」で終わってしまうけど、そこから一歩進めて、仲間を集め、自分たちが作った作品を見てもらう。たとえ二人でも三人でも、見てくれる人がいれば公民館で展示会を催す活動を進めていく。そういうことが、生きがいになっていくのでしょうね。

●教えてもらえば電気ドリルも使える!?

増築をしたときに廃材を全部もらったんです。小さいものから、でっかい梁まで。何かに使える、もし使えなければ誰かにあげられると思って、ひと部屋を倉庫みたいにしてかかえたんです。最近、治療院でいろいろな話をしていたら、患者さんから、万力みたいにものを挟む「はたがね」という道具があって、木工ボンドを使う作業がしやすいと教えてもらったんです。早速それを買って工作してみたら、実に簡単に何でもできてしまうんです。ちょっとした工夫で、視覚障害者がほかの人以上に使える道具があるんだということに気づきました。

たまたま、はたがねを使う前にお会いした聴覚障害の方が、技術に長けていて、「これを使うとどんなものにも簡単に木ねじを留められるよ」と電気ドリルのことを教えてくれたんです。

僕は以前、電気ドリルを見て怖いと思っていたけど、それを借りて、切断された張り板を使ってベンチみたいなものを作ったんです。今は作業場の作業台になっています。電気ドリルの使い方を教えてもらったら、いとも簡単に工作できたんです。

そんな体験を、できればいろんな人に伝えていきたい。そんなふうに思っています。自分の人生を前向きに考え、仲間作りをしながらたくさんの夢を広げていこうと思います。

〈司会〉どうもありがとうございました。続きまして、S先生にお願いいたします。

●心身の衰えを感じるとき

〈S先生〉「高齢者の心身機能」について考えますと、この頃年をとってきたなと感じるのは、ものを覚えられなくなってきたことと、思い出すことが難しくなってきたことです。授業中にも適切な言葉が出てこなくて、三つ四つ思いついた中から何かを言っているという感じになってきたんですね。

頭の働きの面ではそうですし、体の面では、さっきもお話ししたとおり、昨年の九月にプラットホームから落ちてしまい、ホームからの転落は三度目なんですが、今回が一番ひどい目に遭いまして、腰痛が続いているんです。歩くのもずいぶん遅くなり、勘も悪くなったと自分で感じます。

「身体の衰えや精神面での変化」ということから言えば、まずそのことを一番感じますね。結局、自分の暗算能力が落ちてくるとかある中で、本当に心身の面で年をとってきたなと思います。

それで、どうにかしようにも、なかなかうまくいかない。この頃、一つのテープを何度も聞き返したりすることがでてきました。以前なら大事なことは一回聞けばおよそ覚えたものが、だんだんできなくなってきたんですね。

腰は少し曲がって歩くようになったし、首が少し前に曲がっているせいか、額がものにぶつかりそうになることがある。勘が悪くなったせいもあり、歩く速さが余計に遅くなったんだなと思います。

耳の方は、少し左側が聞こえづらくなってきたと思います。僕はイヤホンやヘッドホンの類を使うのがいやで、夜中でもラジオは音を出して聞いていますが、結局、聴力は少しずつ落ちてくるのですね。

●もっと、情報をわかりやすく

次に保険についてですが、後期高齢者被保険者証というのが区から送られてきたのが三月でした。障害者の場合は六十五歳から後期高齢者であるという扱いなんですね。「保険料を納めるように」という支払い通知が二十四万円以上もあって、これは何かおかしいんじゃないかと思ったんです。

以前から、場合によっては国民健康保険でもいいと聞いていましたので、まあ同じくらいの納付金額だろうと思っていたわけです。そうしましたらこれが全然違いますので、七月二十四日に区役所に行き計算してもらうと、やっぱりだいぶ余計に納めることになっていたんですよ。

後期高齢者被保険者証という保険証は返して、国民健康保険に変えてもらいました。そうすれば、東京都の「マル障（東京都の心身障害者医療費助成制度）」が適用になり、以前は三割負担していたものが一割負担で済むので、全然違います。早速、八月一日にそれを使うと、前は病院で二、三千円払っていたのが、七百円程度になっていました。そういう間違いがあったわけですね。

このような問題は、いろいろな団体、たとえば、日本盲人会連合とか全日本視覚障害者協議会などが徹底して、もっと情報提供して欲しいと思います。お知らせには、確かに記載されていますよ。国民健康保険と後期高齢者医療制度どちらかを選ぶことができると。でも、先に後期高齢者被保険者証を送りつけられているんですから、普通ならそれに沿って保険金を支払ってしまいますよ。これは医療のことですが、そんなことがありました。

生活費の問題を考えれば、資産をうまく運用して利子を得る方がいいんでしょうが、運用するほどもないと思っていますので動かさないし、面倒だと思っています。ときどき銀行の人が来て、こうしたらいいとか、ああしたらいいとかいうんですが、あまりこちらが相手にしないので最近は来なくなりました。

●趣味の世界へ

皆さんは、もう少し先のことについて触れられていましたが、僕はどうなるんだろうなあ。自分では、割合に他人とは関わらず個の中に沈殿してしまいそうな感があるんです。今は学校に行っていますが、退職したら、自分の趣味の世界、日本古典文学の鑑賞をしてみたいと思っています。以前は趣味を訊ねられたら旅行と日本古典文学だと答えていましたが、最近あまり旅行しなくなりましたので…。だんだん年を重ねると、考え方も消極的になってくるのかもしれません。

〈司会〉どうもありがとうございました。

3　先生方への質問

●成年後見制度

〈理事長〉Ｑ先生、家を転売してケアマンションに入るかどうか悩んでいる方のお話しをされていましたが、そういう方は多いのですか？

〈Ｑ先生〉そう多くはありません。私の知っている例ですと、夫婦仲が悪いとか、お子さんの住まいが遠いという方が何人かおられます。ご夫婦健在とか、お子さんと親子関係がうまくいっていれば良いのですが。

〈理事長〉資産のことをおっしゃっていましたが、信頼のおける人との縁はなかなか少ないと思います。ボランティアの人に資産を食べられてしまったという話しも、ときたま新聞にでています。注意をするとしたら、どんなことがありますか？

〈**Q先生**〉難しいですね。私は、たまたまいい方に恵まれましたが。親族でうまくいくかというと、そうでもない場合もありますよね。やはり、お金がかかっても後見人にお願いするとか。あるいは、視覚障害者は書類の扱いに困りますから公共機関でやってほしいと訴えて運動をするとか。そういうことじゃないかと思いますが、先生方、ご助言をいただけませんか。

〈**S先生**〉たとえば「成年後見（注一）」はどうですか？

〈**司会**〉銀行でそう言われたことがあります。「成年後見人をたてなさい」と。

〈**S先生**〉『自殺予防啓発のためのバリアフリー図書』の最後のほうに、財産をとられてしまった女性の話がでてきますね。困った例だなと思って読みました。

〈Q先生〉後見人も人を選びますよね。

〈R先生〉成年後見人自身が悪いことをする。あれは非常に憂鬱な話ですよ。

〈S先生〉最初に有名になったのは、世田谷区の千何百万円かやられたという事件（注2）でしたよね。はんこと通帳を渡してしまったらだめなんですよね。

〈理事長〉ありがとうございました。

〈司会〉次は、若者代表でAさんから質問をお願いします。

●若者へのメッセージ
〈職員A〉二十代三十代のうちから四十～五十年後のことを考えて準備

をするということは、すごく難しい気がします。先生方がお若いときに将来のことをどんな風に考えられていたか、それから今、年をとったときのことについて若い人に向けてどんなアドバイスをなさりたいか、お聞かせください。

〈R先生〉アメリカの大学院の学生は、教授に「もう一つの専門を持ちなさい」と言われるんだそうです。たとえば、電子工学をやりながらフランス文学を専攻する。別の言い方をすれば、趣味を持ちなさいということ。物事を奥深く見つめるためには、二つの世界を持つ必要がある。本職以外にもう一つの世界を持つということ。

私は、たまたま我流で俳句をかじります。今でも、ぽつんぽつんと俳句を作る。それが、人間を見つめるときに、本職以外に人間理解を深める非常に大きな切り口になるわけです。

二つの世界を持つことは、ぜひ二十代三十代のうちに始めて欲しいことです。生きることを深く受け止めるためには不可欠な要素だと私は思っています。

〈職員A〉それが何十年後の生き方につながっていくわけですね。

〈R先生〉もちろん、もちろん。そうです。三十年俳句をやっていてごらん。誰でも作れるようになるんです。私だって今は、うまいなと思う句が年に三つ四つ出てくるから。非常にいい気持ちですよ。心豊かになれるよ。

〈Q先生〉私は学校のことばかりしてきて、あまり考えたことがない気がします。ただ、四十歳頃に結婚はしないと決めましたから、割と早めに将来のことを友達と話し合っていました。よく話し合い自分を見つめるということをしてきたつもりです。将来のことを話し合える人を、何人か持っていたらいいんじゃないでしょうか。

〈P先生〉 僕は、芸は身を助けると言いますから、何か自分の芸を持つといいと思います。僕が若い頃からやっていたことは、酒の席での余興を必ず自分で用意することです。それは手品でも何でもいい。話術もそこに入るでしょうね。

あとは、コレクション。一つ二つ集めて意味がなくても、数が多くなればすごく大事なものになるんですね。僕のコレクションはお金をかけないものです。若い頃、喫茶店へ行くと大抵マッチが置いてあって、ラベルをもらってはペタペタ貼って、「何月何日、誰と誰、コーヒーはいくら」とか書く。そんな小さな記録が、今になると思い出になるんです。そんなコレクションが自分の世界になるし、人が来たときに「こんなことがあったよ」と見せると、それが一つの話題になったりする。そういうことで友達を得られることがあります。

さきほど、宮城道雄の話もしましたけれど、視覚障害者が歩んできた道、視覚障害者が作ってきた文化を、今、自分が残していかなければ途絶えてしまうと切実に考えているんですね。僕は尺八をやっているんですが、自分の実力をもっと上げて、仲間を呼んで演奏会を開いたり、そういう文化を誰かの手で、どんな形でもいいから培っていかなければいけないという切実感を持っています。今の若い人たちにもそんな関心を持っていただけたらいいと思います。

〈S先生〉 アリとキリギリスの話ではないけれど、若いときからあまり金を浪費しないことは大事じゃないかと今になって思います。日本の場合、政府とか公の機関は当てにならない。ヨーロッパには、みんな使ってしまっても老後はきちんと見てくれるような国もあるわけですよね。

それと比較して考えると、日本はいつどうなるかわからないんです。今のところ、政府が国民の老後を見ることはないという前提で考えなければいけないかなと。だから、みんなが必死になって働いているのでしょう。

夏休みについても、フランスではバカンスと称して何十日も旅行に出てしまう。そんな余裕があるのはどういう人か、わかりませんが。でも、日本ではそんな余裕のある人に出会うことは殆どないですよね。「私はバカンスだから八月いっぱいどこかへ行ってきます」なんて人はいません。結局はお金がないからでしょう。いつも働いていないといけない。仕事中毒となると、あまり誉められませんが。

だけどケチになったらいけない。かと言って、みんな使ってしまっては何にもならない。そのようなことを、うまく若い人に伝えたいものです。

〈職員A〉 逆に、こういうことには積極的にお金を使った方がいいということはありますか？

〈S先生〉 公の機関に対しての寄付なら、した方がいいんじゃないでしょうか。

〈P先生〉 今はものがありすぎて、買って、捨ててという時代ですよね。そうではなくて、自分が欲しいと思う、良いものにはお金をかけるべきです。本当に自分がそれをやりたいと思うなら、お金をかけても構わないですよね。お金をかけたことによって、自分にプライドができてきて、そのものを大事にするようになりますから。

さっき大工道具の話をしましたが、工具もそうなんですね。良いものを買っておくと長持ちするんです。たとえば、のみはしょっちゅう研げば長く使えますが、安物だとすぐに使えなくなることもあるんです。
自分が「これだ」と思うものにお金をかけることは、大切だと思います。

●今後の夢

〈職員A〉先生方には老後という言葉は似合わないと思いますが、よろしければ、これから更にお年を重ねたときにどんな生活をなさりたいか、夢をお聞かせいただけないでしょうか。

〈R先生〉原則としては今のままです。あえて言えば、死ぬことをどこまで深く見つめられるかということですよ。具体的な生き方は今のままですよ。

体力が落ちれば、毎月の勉強会にも行けなくなってしまう。千円くらいで、いい勉強会がいっぱいあるんですよ。昔は一ヵ月に二回ぐらいは必ず行きましたが、この頃はだんだん気力が落ちてくるんです。そういう気力の減退は覆うべくもない。けれど、動ける範囲で、活動もして勉強もするということです。

目標としてあるのは、死をどこまで深く見つめられるかという、その一点です。

〈S先生〉 この頃、長生きすることが幸せかということが言われますよね。

〈R先生〉 長寿という言葉は中国語なんですよ。日本語じゃないんだな。三百年も四百年も前の中国では、長生きは良きことだった。大家族で、子供も孫もひ孫もたくさんいて、長老として大事にされて暮らせたから、長生きはいいことだ、若いうちは苦労しても年をとれば安定した暮らしができるということで、長寿は良きこととされていたんですよ。

だけど、長生きだけがいいわけではないですよ、絶対に。人生をどう生きたかをトータルで考えるべきであって、長生きだけが能じゃないんですよ。それはもうはっきり言えます。だからこそ、年をとって死が近づいてくれば、いったいこの人生はどうだったのかと、自分の人生を総括する作業が誰にでも求められる。それを考えないでふわふわ暮らしていたら、惨憺たる人生になってしまいます。

〈Q先生〉 私は、自分をもうちょっと大事にして、七十歳ぐらいになったら仕事を減らして、いわゆる趣味、自分の好きなことで朝日カルチャーに行くとか、もう一度ピアノをやってみるとか、そういう時間を取りたいと夢に描いていています。本当に夢なので、実現するかどうか。みんなからQ先生はきっと最後まで働いているんじゃないですかって言われてしまうんですが。

〈P先生〉僕は、あと十年で七十歳ですけど、そういうことが自分には考えられないですね。思い切り人生を謳歌して、バタっていきたいなって思います。亡くなった父から生前、酒の席でよく言われたことで、「おまえは視覚障害者に生まれたけれど、ほかの人にはできないことがたくさんあるはずだ。それに人生をかけていきなさい」というのが遺言になりました。それが、自分の頭の中にすごく残っていて、常に親父のことが頭に浮かぶ。今はそんな心境です。

〈S先生〉たしかに、P先生がおっしゃるように死ぬときは、ぱっといきたいなと思うけれど、なるようにしかならないですからね。死ぬまで明るい人生でありたいなと思っています。この頃、世の中が暗いことばっかりで、ニュースを聞いていると途中で消したくなるほどですから。

せめて自分は、終わるまで明るく生きていきたいなと思います。

〈職員A〉ありがとうございます。

●スポーツは工夫次第

〈司会〉Ｐ先生にお聞きします。日常的に視覚障害者が楽しめて、健康維持にも役立つスポーツには、どんなものがありますか？

〈Ｐ先生〉現在、スポーツは多種多様なものがありますが、意外と、視覚障害者はそういう状況を知らないのです。特に、糖尿病などで失明した方は、もうスポーツは何もできないと思ってしまい、周りの人たちもそう思うわけですね。

怪我をしないで体を動かせることを基本に考えたら、何でもできると思うんです。しかも、そこに誰か手助けする人がいたら、それは運動の機動力になります。

ジャベリック・スローという、やり投げに代わるスポーツがあります。一メートルくらいのプラスチックのスティックに羽がついていて、それを投げるんです。投げることはできますから、拾ってもらえる人がいればいいんですね。拾ってもらう人は体力があまりなくても一緒にできる。そのジャベリック・スローで国体に参加し、僕は十三メートルそこそこしか飛ばなかったけど、聴覚障害の人が六十五メートル飛ばしたんです。コツもあるだろうし、もちろん体力もあるんでしょう。

スポーツは上を見たらきりがないので、自分はどんなことができるかということをまず考えればいいんですね。肢体不自由の人々は、袋に豆を入れたものを投げるビーンボール投げというものをやっています。各々が体力に合わせた運動を自分で考えればいい。記録をつけると自分がどれだけ伸びたかわかるし、目標をつくれば、何でも運動になるんじゃないかと思います。

今までやってきたスポーツも、ちょっとした工夫で同じように続けられることもあるんです。自分は今、公園で運動するときに円い花壇をぐるぐる回っています。それだけでも走る練習にはなるんです。考え方次第で、視覚障害者でも抵抗なく自分の体力を存分に活用できるんじゃないでしょうか。

〈司会〉ありがとうございます。

●便利グッズあれこれほか

〈司会〉次に、視覚障害者に役立つ制度と機器・用具について教えていただきたいと思います。機器・用具に関しては、「こういうものがあったらいいな」というものでも結構です。

〈**R先生**〉私が実際に使っているのは盲人用の方位磁石です。昔に比べると迷子になる率が随分高くなったんですよ。そんなときに、盲人用の方位磁石で確かめる。だからこれは、私にとっては必需品です。

迷子になると、いつの間にか駐車場の中に入ってしまうことがありますす。そうすると、三百六十度全然わからなくなってしまうんです。もちろん、ほかの場所でも迷子になりますけれどね。いったん迷子になったら、十年間歩いているところでも外国に行ったみたいになってしまいますからね。

〈**S先生**〉場合によってはリングワンダリング（方向感覚を失って、円を描くように同じ所をぐるぐる回ってしまうこと）になってしまうから。

〈**司会**〉こういうものがあったらいいなというものはありますか？

〈R先生〉高価だけど、ホームに電車が入ってきたのを超音波で感知して振動で教えてくれる「みるぶる」というのが、今度欲しいと思っているんです。

〈司会〉Q先生、いかがでしょうか。

〈Q先生〉タクシー止めですね。タクシーを止めるときに絶対必要だと思うんです。

〈司会〉これはいいですよね。この間先生に初めて見せていただいたんです。非常に可愛らしいし、手に持っていてもおかしくないし。

〈S先生〉タクシー止めは、昭和四十年頃、日本点字図書館に用具部ができる前に、アメリカ製のものが何種類か置いてありましたよね。僕もカタカナでタクシーと書いてあるでっかいのを持っているけど、どういうわけだか止まらないです。明治通りで大分やったんですけど。

〈Q先生〉私は止まりますよ。

〈P先生〉晴眼者が使っている電動のドライバーなども、ちょっとした使い方さえわかれば、普通のドライバーを使うより作業がよっぽど安全で手軽にできるんです。カーテンレールを付けるときに、ボルトがすごく長くて手動のドライバーが使えずにあきらめていたら、貸してもらった電動ドライバーで簡単にできてしまったんです。人に頼まなければできないものが、案外自分でもできるということがわかりました。そういう道具は探すとまだたくさんあるんじゃないかと思います。

〈R先生〉東急ハンズみたいな店に行くと、我々が想像もしないようなものがあるかもね。

〈P先生〉できない、できないと思っていることが、意外と簡単にできる。

〈R先生〉一種の共用品だね。

〈司会〉話題を変えまして、財産管理について先生方が工夫されていることはございますか？　私はせいぜい、貯金通帳に点字を書くぐらいですが。

〈Q先生〉私も、タックペーパーで番号を書いたり、電話用に別のノートを作ったり、海外に行くとき用のノートを作ったりと、いくつも作っています。

〈R先生〉財産管理はまったくだめです。

〈S先生〉僕もだめです。

〈P先生〉私もそうです。家内に全部任せているので、家内が亡くなったときには大変な思いをするのではないかと心配です。

〈R先生〉墨字の資料に点字のテープを貼り付けておくということはし

ます。

〈Q先生〉ただ問題は、カードに点字が書けないことですね。とっても大変です。しょうがないので、私はカード入れに分けています。

〈司会〉ありがとうございます。

本日の座談会はこれで終了とさせていただきます。皆さま、長時間にわたって貴重なお話をいただき、ありがとうございました。

【注】

(一)判断能力が不十分な方の財産管理や看護を、代理権などを与えられた成年後見人が行う制度。認知症になった方、知的障害を持つ方などが利用できる。この制度には、家庭裁判所が後見人を選ぶ法定後見と本人があらかじめ代理人を選ぶ任意後見がある。判断能力が十分な場合には、財産管理委任契約などの任意代理契約を利用する。

(2)世田谷区在住の高齢女性(中途失明・全盲)が、区から派遣されたホームヘルパーに、数千万円の預金を勝手に引き出された事件。

一人暮らしの高齢者訪問記

一人暮らしの高齢者の生活を知ろうと、Xさん（全盲、六十九歳）のお宅（新宿区、一戸建て）を訪問して、お話を伺ってきました。その内容をご紹介します。

――Xさんの経歴を教えてください。

私が生まれたのは昭和十四年です。初めはある程度見えていて、全盲になったのは五十歳くらいのときです。学生の頃は〇・〇五くらいありましたが、仕事をしているうちにだんだん落ちてきました。先生からはそのうち全盲になるよといわれていました。眼疾は小眼球です。有名な先生に見ていただきましたが、手術はできないといわれました。生まれたのはこの場所です。戦争で一時的に別のところへ行きましたが、結局はここに戻ってきました。

学校は、小学部から専攻科まで附属盲学校にいきました。電車とバスを乗り継いで通いました。ときには歩いたこともありました。当時の専攻科は五年制で、高等部の一年から理療科でした。高等部の三年で按摩の国家試験を受けられ、専攻科二年ではりきゅうの試験が受けられました。そこで、やっと三つそろうんです。ですから、専攻科になると按摩のアルバイトができたんです。

卒業後十年間は按摩・マッサージの仕事をしていましたが、そのあとは点字出版の仕事に代わりました。そのまま六十歳まで働いて、定年後三年間はアルバイトで職場に残りました。それからは仕事はまったくしていません。

――ご家族の方はどうしていらっしゃいますか。

今は一人で住んでいます。兄弟は六人が健在で、私は次男です。私が両親とずっと同居していて、面倒をみたということで、この家をもらうことになったんです。

父は早くに亡くなり、母と二人で暮らしていましたが、母も十年前に亡くなりました。母は病院に入院していましたから、かなりあきらめていました。ですが、脳梗塞でしゃべれなくなったときはショックでした。しゃべれなくなると、私とはコミュニケーションができません。それだけはまいりました。私がお見舞いにいって病院から帰るときは、母はずっと目で追っていると教えられました。私が手を振るとにこっとしてくれたそうです。

ほかの兄弟はみんな晴眼者で、視覚障害者は私だけです。今でも二人の妹が一週間に一回ずつ、別の曜日にきてくれることになっています。だから、買い物はすべて妹たちがやってくれています。最近この辺は道路工事が多くてとても危ないので、一人では外出しないようにといわれています。工事がすべて終わったら、歩く練習をして、外出しようということになっています。今外出するときは、いつも連れていってもらっています。たまに出ると、周りの音がうるさくて、方角がわからなくなります。

主に行くのは病院です。病院には毎月行っています。十七年前にがんで入院して、それからがんは見つかっていませんが、検査をして、経過観察を続けています。それ以外は家の中にいることが多いですね。

――ご自宅にいるときはどんなことをしていらっしゃるんですか。

私の趣味は、ＣＤと本です。点字の本を読むのは楽しみですし、ＣＤで音楽を聴くのも好きです。あとは植木をいじることですね。庭はあるんですが、庭に植木鉢を置くと盗まれてしまうので、今は廊下に並べています。私が花を咲かせても、庭に置いておくと、一夜でなくなります。だから、今庭は適当で、草も生えています。うちは庭でミョウガがとれたり、ムカゴがとれたりするんですが。

――どんな本を読むんですか。

私は小説は読みません。あとは何でも読みます。医学書なども読みますよ。点字雑誌は、点毎、点字日本、ＪＢニュース、点字ジャーナル、Ｌ＆Ｌを読んでいます。テープは図書館から借りて、雑誌を聞いています。鉄道ファンとか。見えていた頃から電車が大好きでしたから。見えなくなってしまうと、なかなか難しいですが。でも、音で楽しむことはできますね。車輌によってみんな音が違うんですよ。

――音楽はどんなものを聞くんですか。

日本のものからクラシックまで、ほとんどのものを聞きます。日本のものは民謡とか、俗曲とか、そういうものまで。ジャズも聞きますし、民族音楽も好きです。それから、楽器の音。楽器にはいろいろな種類のものがあります。

――ご自分で演奏されることはないんですか。

しません。でも、ときどきものを叩いてみます。ペットボトルを空にして吹いてみたりもします。吹き具合によって、おもしろい音がするときもありますよ。

――一人で暮らしていて、困ることはどんなことですか。

周りで火事があったときが一番怖いですね。今年の五月に隣のマンションが火事になりました。七階が燃えたんです。地震も怖いですが、やはり近所の火事が一番怖いです。

墨字の郵便物は妹が来たときにまとめて読んでもらっています。姪は点字ができるので、場合によっては点字をつけてくれるんですよ。お願いすれば姪も来てくれます。

ゴミ出しも妹たちがやってくれるので、自分でやっていることは少ないですね。

――食事はどうしていますか。

食事はタイヘイさんから朝と夜届いて、昼は好きなものを食べていいことになっています。ご飯にしたり、パンにしたり、買っておいたものを食べたりします。それから、妹が作ってくれたものを冷凍にしておいて、それを食べたりもします。

――食事を届けてくれるタイヘイさんというのはどういうところですか。

私はタイヘイさんとしか知らないんですが、大きなところで、毎日届けてくれます。病院の紹介で利用するようになりました。食事療法の関係で一日のカロリーや塩分を制限されていますので。お豆腐は味をつけないで、そのまま食べるようになりました。塩分を取らないようにしていたら、自然とそうなってしまいました。お豆腐と納豆と卵は、絶対に味をつけません。キャベツも産地によって味が微妙に違います。レタスもそうです。味に詳しくなりますね。

――洗濯はどうしていますか。

自分でやっています。今、後ろに干してありますよ。ほんとは昨日取り込もうと思っていたんですが、触ってみたらまだだったのでやめました。触ってみないと乾いたかどうかわかりませんね。見える人も触らないとわからないですよね。

――テレビを見たり、ラジオを聞いたりしますか。

私はテレビよりラジオの方が好きです。ラジオの方がとてもわかりやすいですから。テレビ・ラジオの同時放送を聞くときは、ラジオではちゃんとテレビの説明をしてくれます。何色の服を着て、どのようなことをしているか、全部説明してくれます。よくテレビの解説放送のことが話題になりますが、ラジオは以前からちゃんと解説してくれているんです。紅白歌合戦をおばあちゃんに見せてあげるとき、テレビの画面だけとラジオの音で見せてあげたんです。とても喜んでいましたよ。昭和五十年代から、ラジオのＮＨＫ第一は説明してくれていたんです。盲人でもラジオを聞いていない人が意外と多いと思います。それでいて、やたらと解説放送というんです。ただ、国会中継だけは解説しませんね。名前だけで、議員が表や図を示したときはまったくわかりません。ほんとは説明してくれるといいと思います。ドラマなどにはうるさいのに、どうしてそういうものには何も言わないのでしょうか。盲界でも、国会中継の解説放送については、言う人がいないと思います。ほんとは逆だと思います。映画などは見えなくても、案外予想がつくものです。

――映画を見に行くこともあるのですか。

最近はあまり出かけなくなりましたが、それまでは映画館で映画を見るのが好きでした。テレビの音で聞くよりも、映画館の方が迫力があります。クラシックも聞きに行くと、CDではだめだなあという気になります。音楽会はS席で聞くとやみつきになります。この前はNHKホールにN響を聞きに行きました。とてもいいですよ。一番好きなのはクラシックですね。

――金銭的にはどうですか。収入はどのくらいですか。

今は年金だけです。そして、基礎年金だけです。年金法の改正時期のために、私は厚生年金をもらうことができませんでした。もう少しずれていれば、もらうことができたのですが。定年後のアルバイト部分も入っていればもらえたそうです。そのときはとても悔しかったです。ですから、基礎年金が年間九十九万円程度と、福祉手当があるだけです。あとは銀行の預金を少しずつ使っています。生命保険が満期になって、お金が返ってきたので、それがたまっているんです。

――生命保険は毎月いくらくらい払っていたんですか。

私の場合は八千円くらい払っていました。視覚障害者の場合は高くつくんですよ。晴眼者とは違うんです。ひどい話ですね。以前障害者はまったく入れてもらえなかったんですが、朝日生命が少し割高になるけれど認めてくれたので、昭和六十年頃に入りました。毎月、職場までお金を取りにきてくれたんです。誕生日にはいろいろなものを持ってきてくれて、掛け金は高かったですが、楽しみもありました。

――満期になるとどのくらい返ってくるものなんですか。

私の場合は六百万円でした。これは一時所得で、申告すれば税金はからないいんです。そういうことは妹が全部やってくれました。一人の妹は区役所に勤めていたので、手続きは得意でした。今でも、役所の手続きは全部やってもらっています。

――銀行の窓口などで困ったことはありませんか。

かなり前のことですが、私のときは銀行の人が代筆してくれましたよ。この前銀行について行ったことがありましたが、ずいぶん変わりましたね。それに銀行も合併してしまいましたから、前にあったところがなくなってしまったりしています。一人で行ったら、きっとわからなくなるだろうと思います。あれは困りますね。特に見えないと困ります。場所も変わりますし。

――運動不足は感じませんか。

部屋の中でなんですが、その場で駆け足をしています。結構熱くなりますよ。急に外に出たときに、しっかり歩けるようにしておきなさいといわれています。足踏みを三千回やれば足は衰えないんだそうです。だから病院に行くのも平気です。

――若い頃、運動はしていましたか。

特にしていません。けれど、広いところに行くと、走り出したくなりますね。広い公園に行ったときは一人で走っています。私は小金井公園が好きです。あそこは、かなり走ってもぶつかるものがないんです。小金井公園はお花見にいいところだそうです。芝生のところがとても広いので、私が走っても木にぶつかることがないといわれました。新宿御苑は無理ですよ。すぐに木にぶつかってしまいますし、人も多いです。

――何か生活に便利な用具はありますか。

時計や温度計、血圧計など、一通りのものは持っています。給付（日常生活用具給付制度）でもらいました。はかりや電磁調理器、テープレコーダーももらいました。

ほかに便利なものといえば、電子レンジでゆで卵ができる道具を持っています。容器に少し水を入れて、その中に卵を立ててふたをします。電子レンジに入れて七分経つと、ゆで卵ができます。半熟だと四分ぐらいです。普通にお湯でゆでると、一〇分から十五分くらいかかりますよね。電子レンジなら失敗もありません。ただし、お水を入れすぎないようにするのがポイントです。それと、卵の上下を間違えるとひびが入ってしまいます。なぜそうなるのかはわかりませんが。容器の上の方は卵の形になっていて、きっちりと立つようになっています。東急ハンズに売っているんだそうです。妹が見つけてきてくれました。

ほかにもレンジでご飯が炊けるお釜も持っています。五合まで炊けるんです。今は普通のお釜で炊いているので使ったことがありませんが、うどんもゆでられるし、いろいろなものができるそうです。ただ、視覚障害者用ではなくて、ラジオショッピングで買ったので、説明書が墨字しかないんです。

――財産管理はどのようにしていますか。

私は通帳を入れる袋を作って、そこに点字をつけています。袋の中に通帳と印鑑を一緒に入れていますので、袋ごと持って出ます。銀行ごとに別の袋にしています。残高は家に帰ってから読んでもらいます。家に帰ってからでないと危ないので。今は障害者もねらわれる世の中ですから。

――詐欺まがいの行為にあったことはありませんか。

それはありませんが、変な電話がかかってきたときはこちらがとぼけてしまいます。普段はかならず鍵をかけていますし、訪ねてきた人がいても、いろいろと聞いてつじつまが合わなければ絶対に鍵を開けないようにしています。荷物が届いたときも、どこの誰からどういうものがきたのかを詳しく聞いて、わからなければ返してしまいます。相手の住所から詳しい中身まで。

外出するときも、もちろん戸締まりはしっかりします。うちの前には会社があるので、かえって安全です。昼間は、怪しい人も路地へ入ってこれないようですよ。

――周りはマンションが多いようですが、周辺とのかかわりはいかがですか。
近所のマンションにも知っている人がいますし、少し離れたところにも知っている人がいますよ。外に出たときに会えば、いつも挨拶をします。昔だったら、近くのお店の人はみんな知っていたのですが、お店はみんな変わってしまいました。

――我々後輩へのメッセージはありませんか。

苦労はした方がいいと思います。今の苦労と昔の苦労は違うかもしれませんが、のほほんと暮らしていてはいけないと思います。

――貯金はした方がいいと思いますか。若いうちは自分の経験になるから、お金を惜しまずいろいろやった方がいいという人もいますが。

貯金はした方がいいです。それをやると、案外、若いうちがずっと続いてしまうものです。私だってまだ年をとっているとは思わないくらいですから。ですから、年齢に線を引いた方がいいと思います。何歳までと決めておいて、それを過ぎたら若いうちとは思わずにためるようにするんです。みんな、まだ若い、まだ若いと思っているうちに、きりがなくなってしまうんです。

今は七十五歳を過ぎると後期高齢者といわれるようですが、まだ若いと思っている人はたくさんいるでしょう。そう思っていつまでも遊んでいると、ためることはできないんです。

――Ｘさんの感覚では、何歳ぐらいで線を引いたらいいのでしょうか。

四十歳くらいになったら、そろそろため始めた方がいいと思います。それまでは遊んでもいいでしょう。普通は定年が六十歳ですから、二十年もためれば年金や退職金と併せて、なんとかやっていけるでしょう。

なぜそう思うかというと、私がそうできなかったからです。働いても、

ＣＤやレコードに使ってしまいました。

――それは貴重な財産ではありませんか。

そうですね、財産にはなったのですが。これをご飯にするわけにはいきません。

――これからさらに年を重ねたとき、盲老人ホームなどへ行きたいとは思いませんか。

まったく考えていません。今は元気なので、そういうことを考えるより、いろいろなことをして楽しもうと思っています。同級生が一人、そういうところに入ったという話は聞きましたが。やはり家にいた方がいいと思います。

――本日は貴重なお話をありがとうございました。

あとがき

長尾　榮一

本書を一読して、非常に興味を持っていただけるものになったと信じます。きめ細かな具体例や丁寧な対策の提示が不十分な点は残念に思いますが、その点については、今後の展開に期待したいところです。

さて、視覚障害や加齢が暗いことばかりをもたらしているのか、最近私はときどき立ち止まって考えることがあります。

よく健常者が視覚障害者は聴覚や触覚が優れているといいますが、そういわれたとき私は、優れているのではなく必要に応じてそれなりに上手に利用していると答えるのです。でも、確かに点字の読み取りなどは若年から訓練した方が速く正確に読めることから考えると、触覚が敏感になってくるのかもしれません。耳も上手に聞き分けられるようになるのかもしれません。私自身、触って彫刻を鑑賞する趣味を持つようになり、触覚の美学を感じるようになりました。耳は倍速で録音を聞いたり、複数の音源を一度に聞き分けるテクニックを会得したりしています。その代わり、ほかの人の感じない耳や触覚の疲れという苦痛を味わっています。

加齢にしても体力や記銘力は落ち、物事の処理が遅くなったり、持続力が失われたりしています。聴覚や足裏のしびれから、足の感覚の鈍さ、総合感覚の感の低下といった複合的不便さも加わってきています。

けれど、過去の人生経験を基に、既成観念から外れて観点を変えた新発想が浮かんだり、複数の発想を組み合わせた思いつき、創造(creation)

を産むこともあるようになりました。人の思いや悩み、苦しみ、また、喜びも感じ取れたり、逆にいえば、それを逆手に取ったりもできます。一歩下がって受け入れの利点とか心の間口の広め方、かっこよく表現すれば包容力が増したということもできるでしょう。しかし、これもさらに年をとればどうなるかはわかりません。

今思うことは人生を楽しんで、静かに死を受け入れたいということです。

視覚障害者の老後を豊かにするための本

編　集　桜雲会
発　行　日　二〇一〇年五月十日
発行責任者　高橋昌巳
発　行　所　社会福祉法人桜雲会点字出版部
〒一六九-〇〇七五
東京都新宿区高田馬場四-十一-十四-一〇二
電話・ファックス　〇三-五三三七-七八六六
URL　http://homepage2.nifty.com/ounkai/
Eメール　ounkai@nifty.com
振　替　00190-0-129660
ISBN978-4-904611-08-1